Diabetes Ernährung

Die richtige Ernährung bei Diabetes. Die Krankheit, Ernährung und Co. Inklusive Prävention, Behandlungstipps und vieler Rezepte zum Nachmachen.

Medical Academy

Inhaltsverzeichnis:

Einleitung 1

Was ist Diabetes? 6

Die Diabetestypen im Detail 8

Blutzuckermessung 22

Prävention und Behandlung durch die richtige
Ernährung - ist Diabetes heilbar? 26

Die Berechnung von Broteinheiten mit Tabelle 32

Frühstücksrezepte 39

Hauptspeisen 51

Desserts 84

Einleitung

Es ist sicher nicht lustig, vom Arzt die Diagnose „Diabetes" zu erhalten. Sie sind vielleicht erstaunt, ärgern sich oder sind total geschockt. Dann kommt die Verunsicherung: was tun, wie damit umgehen, wie damit leben?

Wer einmal Diabetes als Diagnose bekommt, muss damit bis ans Ende seines Lebens zurechtkommen. Die Krankheit ist nicht heilbar oder umkehrbar. Sie kann höchstens gemildert werden. Deshalb fangen Sie am besten jetzt an, und nehmen die Verbesserung Ihrer Gesundheit in die eigenen Hände! Schon mit sehr einfachen Umstellungen ist es möglich, dass Sie Ihre Lebensqualität und Ihren Gesundheitszustand zum Besseren verändern. Der springende Punkt ist, dass Sie zu einem Fachmann oder einer Fachfrau der Krankheit werden. Sie sollten die positiven und negativen Einflussfaktoren, die sich gut oder schlecht auf Ihren Gesundheitszustand auswirken, in- und auswendig kennen. So können Sie für Ihr ganzes Leben lang sehr gut mit der Krankheit leben und müssen nicht mehr Medikamente oder mehr Arztbesuche auf sich nehmen.

Wichtig dabei ist, zuerst einmal zu hinterfragen, wie es dazu kommen konnte. Sind es bei Ihnen erbliche Faktoren oder Umweltfaktoren? Die Umweltfaktoren können Sie immer zum Positiven beeinflussen. Das bedeutet nur eine einmalige Änderung von jahrelangen Gewohnheiten und Routinen. Je grundlegender und schneller Sie diese Umstellung vornehmen, desto besser wird es Ihnen auch gehen. Genauer genommen sind unter den Umweltfaktoren die folgenden Punkte gemeint: Gewicht, körperliche Tätigkeit, Ernährungsstil, Alkoholkonsum, Nikotinverbrauch und andere Faktoren, wie Stress oder seelische Störungen. Vor allem Übergewicht und Bewegungsmangel verstärken ganz entscheidend die Insulinresistenz. Deswegen sollten Sie auch an diesen beiden Punkten ansetzen und mit Sport und der richtigen Ernährung sofort entgegenwirken!

Viele Menschen mit Diabetes sind vor Eintritt der Krankheit übergewichtig, schwer übergewichtig oder adipös. Übergewicht ist ein wesentlicher Faktor zur Entstehung der Krankheit. Sie sollten daher zuerst einmal daran denken, wie Sie wieder sprichwörtlich Schwung in Ihr Leben bekommen. Haben Sie als Kind irgendein Hobby oder eine bestimmte Sportart gerne gemacht? Interessiert Sie ein Sport besonders? Suchen Sie sich am besten in Ihrer Umgebung Veranstalter, die das anbieten. Sprechen Sie sich mit Ihrem Arzt und dem Organisator ab, damit Sie bestmöglichst und motiviert starten.

Die regelmäßige Ausübung der ausgewählten Sportart ist dann das A und O Ihres weiteren Gesundheitszustands. Suchen Sie sich auf alle Fälle etwas, was Ihnen totalen Spaß macht und was Sie gerne machen! Es soll kein „Muss" oder eine Qual sein, Sport auszuüben. Das heutige Sportangebot reicht von den sanfteren Sportarten wie Tai-Chi und wandern hin zu Kampfsport und Aerobictraining. Es ist mit Sicherheit etwas für Sie dabei, das Ihnen Spaß macht! Die höhere körperliche Aktivität und der damit fast immer automatisch verbundene Gewichtsverlust können dazu führen, die Insulinresistenz der Körperzellen teilweise aufzuheben. Dadurch werden Sie Ihren Gesundheitszustand verbessern und Folgeerkrankungen, die mit Diabetes verbunden sind, hinauszögern oder erfolgreich vorbeugen.

Auch der Ernährungsstil und der Alkoholkonsum spielen eine große Rolle. Bei Diabetes geht es um einen aufgeklärten und wissenden Umgang mit den Nährwerten und Broteinheiten der Nahrungsmittel. Sie sollten sich deshalb ab jetzt sehr intensiv mit den Ihnen gut tuenden Lebensmitteln beschäftigen und lernen, welche Sie unbedingt vermeiden müssen. Das ist im Grunde nicht so schwierig oder mühselig, wie es klingt: Nehmen Sie sich ein Wochenende, an dem Sie die Lebensmittel und ihre Werte durcharbeiten. So sind Sie mit den besten Informationen ausgestattet, um weiterhin gut mit der Krankheit zu leben.

Haben Sie in Ihrem Leben viel Stress, leiden unter seelischen Belastungen oder Ängsten, so suchen Sie einen Experten auf. Zumeist reichen wenige Sitzungen, um sich Klarheit über die Auslöser zu verschaffen und effektiv entgegenzusteuern. Halten Sie sich dabei immer vor Augen, dass Sie das für sich tun, damit es Ihnen langfristig gut geht.

Regelmäßiger Sport sorgt dafür, dass die Muskeln Zucker verbrennen und Sie an Gewicht verlieren. Um ein Gespür dafür zu bekommen, wie die Blutzuckerwerte auf Bewegung und bestimmte Nahrungsmittel reagieren, sollten Sie vor allem anfangs häufiger den Blutzucker kontrollieren. Hierbei helfen Ihnen Teststreifen, die Sie in der Apotheke bekommen. Manchmal übernehmen die Krankenkassen einen Teil der damit verbundenen Kosten.

<u>Was ist der beste Weg, um mit einer Diabetesdiagnose umzugehen?</u>

Hier eine kurze Checkliste:

- Übernehmen Sie Verantwortung für sich selbst. Ihr Arzt kann Sie im besten Fall gesundheitlich und bezüglich Medikamenten beraten. Er setzt den Umgang mit der Krankheit aber nicht für Sie um. Das müssen Sie tun. Sie tragen dafür Verantwortung, dass Sie Ihr Gewicht reduzieren und Ihre Ernährungs- und Trinkgewohnheiten sowie Ihren Lebensstil umkrempeln. Je früher Sie das erkennen, desto eher sind Sie unabhängig im Umgang mit Diabetes.

- Verabschieden Sie sich bewusst von schlechten Gewohnheiten. Nehmen Sie sich im Gespräch mit Ihrem Arzt Zeit, die Faktoren herauszuarbeiten, die am Ausbruch der Krankheit Schuld sind. Erarbeiten Sie dann einen Plan, wie Sie schlechte durch neue Gewohnheiten ersetzen können. Fragen Sie, an welche

Experten Sie sich wenden können, um sich wohl und gut in Ihrer Haut zu fühlen. Viele Kliniken und Gesundheitszentren bieten außerdem Diabetesschulungen an, bei denen Sie viel über die Krankheit und Verbesserungsmaßnahmen erfahren. Sie können auch Kontakt zu Selbsthilfegruppen aufnehmen, die Sie mit viel Wissen und Know-how versorgen. So können Sie auch Kontakte mit Menschen knüpfen, die in einer ähnlichen Situation sind und sich mit ihnen austauschen. Gerade kurz nach der Diagnose ist es wichtig, von anderen zu lernen und sich über den Alltag auszutauschen.

- Bauen Sie realistische Ziele und Selbstbewusstsein auf: Wie schnell können Sie sich auf ein Leben mit Diabetes einstellen? Wenn Sie alleine leben, ist das oft einfacher als mit einer Familie. Was bedeutet die Diagnose für Ihre Familie? Sollten Sie ein Aufklärungsgespräch mit Ihren Liebsten führen, damit Sie auch die Zusammenhänge der Umstellung verstehen? Welche Ziele können Sie sich setzen: einmal die Woche Sport, kein Alkohol mehr?

- Setzen Sie Ihre Ziele um: Machen Sie sich sofort daran, Ihre Ziele auch umzusetzen! Haben Sie sich vorgenommen, zweimal die Woche Sport zu betreiben, dann tun Sie das auch! Haben Sie bisher immer süß gefrühstückt oder zu jeder Hauptmahlzeit Desserts gegessen? Stellen Sie sich nun auf gesund um. Schreiben Sie sich motivierende Erinnerungen und bitten Sie Ihre Liebsten darum, Sie zu unterstützen. Nach etwa drei Wochen werden der Sport und andere Änderungen schon zur Routine, und Sie werden sich nicht mehr „durchbeißen" müssen.

- Beugen Sie bei der Umstellung von vornherein dem Eintritt von Folgeerkrankungen vor: Vor allem können Sie das erreichen, wenn Sie übermäßigen Alkoholkonsum und Rauchen aufgeben. Alkohol treibt den Blutzuckerspiegel in die Höhe und verengt die Gefäße. Rauchen ist oft eng mit Stress oder seelischen Belastungen verbunden. Hier wäre es gut, wenn Sie sich von einem Experten beraten lassen, der Sie beim Entzug unterstützt. Auch ist Rauchen eng mit einem hohen Blutdruck verknüpft, denn das Nikotin zieht die Blutgefäße zusammen und schadet der Gesundheit von Diabetikern noch mehr. Durch engere Blutgefäße können Durchblutungsstörungen im Körper entstehen, die zu tauben Füßen und Händen, und im schlimmsten Fall zu Schlaganfällen oder Herzinfarkten führen können. Die Benefits beim Aufhören von Trinken und Rauchen sind, dass Sie länger gesund bleiben. Ihr Geschmacks- und Geruchssinn verbessert sich und damit schmecken Speisen und Getränke wieder aromatischer und intensiver.

Wie unterstützt Sie dieses Buch?

In diesem Buch geht es darum, dass Sie die Krankheit Diabetes in all ihren Details verstehen und mit ihr umgehen lernen. Wir möchten Ihnen Rezepte aufzeigen, die Sie vorbeugend zubereiten können, wenn Sie noch nicht an der Zuckerkrankheit erkrankt sind, oder zur Verbesserung Ihrer Symptome kochen können, wenn Sie bereits an Diabetes erkrankt sind.

Im ersten Abschnitt des Buchs finden Sie allgemeine Erklärungen zu Diabetes. Darauf folgen Erklärungen zu Broteinheiten und Nährwerttabellen. Zum Schluss stellen wir Ihnen im Rezeptteil die besten Rezepte für zwei Personen vor.

Was ist Diabetes?

Bei Diabetes handelt es sich um eine chronische Stoffwechselerkrankung, die sich durch einen dauerhaft erhöhten Blutzuckerspiegel kennzeichnet. Umgangssprachlich wird sie auch als „Zuckerkrankheit" bezeichnet, denn gerade ein Zuviel an Kohlenhydraten und Zuckern sind oft die Ursachen der Krankheit, und auch muss der Blutzuckerspiegel immer überwacht werden.

Diabetes unterscheidet sich in vier Formen: Diabetes 1 (Jugenddiabetes, jugendlicher Diabetes, juveniler Diabetes), Diabetes 2 (die häufigste Form, auch als Altersdiabetes bezeichnet), Diabetes 3 und Diabetes 4 (Schwangerschaftsdiabetes, Gestationsdiabetes).

Diabetes 1 kommt sehr häufig bei Jugendlichen unter 20 Jahren vor. Ihre Ursache ist eine Autoimmunerkrankung, also eine Erkrankung, bei der das Immunsystem den eigenen Körper angreift. Beim Typ 1 Diabetes sind wichtige Insulin produzierende Zellen in der Bauchspeicheldrüse so sehr zerstört, dass nur noch wenig oder gar kein Insulin mehr gebildet werden kann.

Diabetes 2 ist die häufigste Form, von der etwa 90 bis 95 % aller Diabetespatienten betroffen sind. Sie tritt oft erst nach dem 30. Lebensjahr ein und wird daher auch als „Altersdiabetes" bezeichnet. Ihre Ursachen sind erbliche Faktoren, Übergewicht und Bewegungsmangel. Gerade in der westlichen Welt geht der Trend aufgrund dieser Risikofaktoren leider zu immer mehr Neuerkrankungen. Bei Typ 2 Diabetes reagieren die Zellen der Bauchspeicheldrüse sehr eingeschränkt auf Insulin. Dieses Phänomen wird als „Insulinresistenz" bezeichnet. Gleichzeitig kann bei diesem Typ auch eine reduzierte Insulinproduktion auftreten. Natürlich ist der erhöhte Blutzucker das Hauptproblem, und es gilt, ihn als Diabetiker im Zaum zu halten. Aber auch die Nebeneffekte oder Folgeerkrankungen des Diabetes 2 Typs reduzieren die Lebensqualität und Lebenserwartung der Betroffenen: Es tritt häufiger Herzinfarkt, Schlaganfall oder diabetischer Fuß auf.

Der bekannte Typ 3 Diabetes fasst mehrere Diabetesunterformen zusammen. Er tritt sehr selten auf und ist unter den Diabetesarten eine „Ausnahmeerscheinung".

Diabetes 4 oder Schwangerschaftsdiabetes tritt nur vorübergehend im Zuge der Schwangerschaft auf und verschwindet nach der Geburt des Kindes meist wieder.

Was sagen die Statistiken?

Es wird geschätzt, dass global gesehen ca. 400 Millionen Menschen zwischen 20 und 80 Jahren von einer Form der vier Diabetestypen betroffen sind. Im deutschsprachigen Raum wird von einer Häufigkeit von bis zu 10 % der Gesamtbevölkerung ausgegangen. Es ist zu befürchten, dass dieser Prozentsatz in Zukunft weiter steigen wird. Das sind die schlechten Neuigkeiten. Die „Guten" sind hierbei, dass Sie wahrscheinlich immer jemanden in Ihrer näheren Umgebung finden werden, der auch unter Diabetes leidet.

Was können Sie gegen Diabetes unternehmen?

Sie können als Diabetiker den Verlauf der Krankheit und den Erfolg der Therapie ganz entscheidend beeinflussen: Und zwar geht es darum, dass Sie sich mit den Ursachen und positiven Wirkungen von Lebensmitteln intensiv beschäftigen, um zu verstehen, was Sie tun können, damit es Ihnen besser geht.

Sie können außerdem sportlich aktiver werden, Ihr Gewicht reduzieren, mit dem Rauchen und Trinken aufhören und Stress oder psychische Belastungen in Ihrem Leben reduzieren.

Nehmen Sie die Krankheit selbst in die Hand!

Die Diabetestypen im Detail

Allen Diabetestypen gemein ist ein ständig zu hoher Blutzucker. Dabei spricht man auch von Hyperglykämie.

Es ist wichtig, zu verstehen, wie der Zuckerstoffwechsel bei gesunden Menschen aussieht. Nach der Nahrungsaufnahme setzen im Körper verschiedene Aufspaltungsprozesse ein, damit wir Energie gewinnen und unsere Körperfunktionen am Leben erhalten. Die aufgenommenen Kohlenhydrate werden durch die Verdauung zu Zuckern bzw. Glukose abgebaut. Dann werden sie von den Schleimhautzellen im Darm aufgenommen und an das Blut weiter abgegeben. Das Blut transportiert die Glukose nun in die Leber und dann zu den einzelnen Körperzellen der Organe und des Gewebes.

Wenn einmal Glukose ins Blut gelangt, dann steigt unser Blutzuckerspiegel an und die Bauchspeicheldrüse produziert Insulin. Insulin ist dafür verantwortlich, dass sich der Blutzuckerspiegel wieder senkt. Glukagon ist der Gegenspieler des Insulins und die Bauchspeicheldrüse schüttet es dann aus, wenn wir einen niedrigen Blutzuckerspiegel, also wenig Blut im Zucker, haben. Glukagon bewirkt, dass die Leber mehr Glukose bildet – dieser Prozess wird auch Glukoneogenese genannt. Dadurch wird mehr Glukose ins Blut abgegeben und eine Unterzuckerung verhindert. Durch diese beiden Hormone kann der Körper Glukose, also Energie, bilden und uns gut versorgen.

Bei Diabetes ist dieses Zusammenspiel von Insulin und Glukagon jedoch aufgrund einer Insulinresistenz außer Rand und Band geraten.

Diabetes Typ 2 entwickelt sich schleichend über einen langen Zeitraum hinweg. Man spricht deshalb auch von einer „leisen" und „unsichtbaren" Krankheit. In der Anfangsphase produzieren die

Zellen der Bauchspeicheldrüse noch genügend Insulin. Mit der Zeit werden die Zellen der Muskeln, Leber und des Fettgewebes jedoch viel unempfindlicher gegenüber Insulin, und die sogenannte „Insulinresistenz" tritt ein. Das bedeutet, dass das Hormon Insulin immer weniger den Zucker aus dem Blut in die Zellen bringen kann. Die Bauchspeicheldrüse versucht, dieses Ungleichgewicht durch eine übermäßige Insulinproduktion auszugleichen. Zuerst zeigt sich ein überhöhter Blutzuckeranstieg nach der Zufuhr von Kohlenhydraten, also meistens nach der Nahrungsaufnahme.

In dieser Phase ist Diabetes Typ 2 mit körperlicher Bewegung, Gewichtsreduzierung und Medikamenten vorerst noch gut in den Griff zu bekommen.

Nach vielen Jahren der Insulinmehrproduktion lässt die Funktion der Insulin produzierenden Zellen jedoch zunehmend nach und endet dann gänzlich. Dann müssen Sie sich Insulin von außen zuführen und selbst spritzen. So wird aus dem geringeren Insulinmangel am Anfang der Diabetesdiagnose, der Insulinresistenz, ein sogenannter „absoluter Insulinmangel". Dieser Mangel an Insulin bedeutet dann, dass immer weniger Glukose aus dem Blut in die Körperzellen gelangt. Das lässt Ihre Blutzuckerwerte ansteigen und schließlich ist Diabetes in ihrer explosivsten Form erreicht.

Die wichtigsten Formen sind Diabetes Typ 1 und 2 und der Schwangerschafts- bzw. Gestationsdiabetes. Außerdem gibt es noch weitere seltenere Diabetesformen, die unter dem Typ 3 zusammengefasst werden. Bei Kindern ist Diabetes die häufigste Stoffwechselstörung.

Diabetes Typ 1

Interessant zu wissen ist, dass Diabetes Typ 1 nur in etwa 5 % der Diabetesfälle auftritt, besonders bei Kindern und Jugendlichen. Nur selten sind auch Erwachsene davon betroffen.

Ursachen

Die Ursachen dieser Form sind zum einen vermutlich erbliche Veranlagung: Mit einer Wahrscheinlichkeit von 3 - 5 % wird Diabetes Typ 1 von einem Elternteil auf ein Kind vererbt. Sind beide Eltern an Typ 1 Diabetes erkrankt, steigt das Risiko auf 10 bis 25 % an. Neben dieser Veranlagung müssen äußere Faktoren vorhanden sein, damit die Erkrankung zutage tritt. Vermutlich spielen hier Virusinfektionen und Ernährungsfaktoren eine Rolle.

Zum Zweiten liegt dem Diabetes 1 Typ auch eine Fehlsteuerung des Immunsystems zugrunde. Es handelt sich um eine Autoimmunerkrankung, bei der das körpereigene Abwehrsystem gesunde Zellen und intaktes Gewebe angreift. Die Immunabwehr zerstört in diesem Fall die Insulin produzierenden Zellen der Bauchspeicheldrüse – die sogenannten β-Zellen. Dabei richten sich körpereigene Abwehrzellen (Antikörper) gegen die Insulin produzierenden Zellen (Betazellen) der Bauchspeicheldrüse und zerstören diese. Alle diese Abwehrzellen sind schon Monate bis Jahre vor Ausbruch von Diabetes im Blut nachweisbar, sodass Sie sehr früh vorbeugen und einen Ausbruch verhindern können.

Die Bauchspeicheldrüse kann dadurch den Körper nicht mehr gut genug mit Insulin versorgen. Ist die Zerstörung der β-Zellen schon sehr weit fortgeschritten, dann bricht Diabetes aus und die Blutzuckerwerte steigen unaufhörlich. Die Zerstörung der β-Zellen führt dazu, dass kaum noch bzw. gar kein Insulin mehr produziert werden kann. Eine Regulation des Blutzuckerspiegels ist somit nur noch durch Insulinzuführung von außen möglich. Patienten mit Typ 1 Diabetes müssen sich daher mehrmals pro Tag Insulin spritzen.

Die Folge der zerstörten Betazellen ist ein Mangel an Insulin, sodass Glukose nicht mehr in den Körperzellen aufgenommen werden kann, und der Blutzuckerspiegel ansteigt. Da ein absoluter Insulinmangel vorliegt, muss Insulin von außen zugeführt und ab nun gespritzt werden.

Symptome

Die auftretenden Symptome können unter anderen sein: Gewichtsabnahme, Müdigkeit, Muskelschwäche, Sehstörungen, trockene Haut, schlechte Wundheilung und starker Harndrang.

Diagnose

Der Arzt kann heutzutage durch Blut- und Urinuntersuchungen eine Hyperglykämie (einen erhöhten Blutzuckerspiegel), eine höhere Ausscheidung von Glukose im Harn (Glukosurie) oder eine Übersäuerung des Bluts durch eine höhere Anzahl an Ketonkörpern (diabetische Ketoazidose) sehr schnell feststellen.

Durch eine „Überzuckerung" gerät der Stoffwechselhaushalt außer Rand und Band und beeinflusst damit negativ den Fettstoffwechsel. Durch diesen Prozess werden Stoffe ausgeschüttet, die den Säurewert des Bluts absenken (Ketone). Dies kann zu einer Übersäuerung des Bluts führen (Ketoazidose). Zumeist leiden die Betroffenen unter Übelkeit, Erbrechen, Bauchschmerzen und schlecht riechendem Urin oder Atem.

In den meisten Fällen ist es leider so, dass bei einer Diabetesdiagnose im Allgemeinen schon 80 % der Betazellen zerstört sind.

Folgen

Die Folgen einer Diabetes Typ 1 Erkrankung können Folgeerkrankungen wie diabetischer Fuß, Herz-Kreislauf-Beschwerden, Sehschäden sowie Nieren- und Nervenschäden sein. Ein hoher Zuckergehalt im Blut schädigt außerdem kleine und große Blutgefäße.

Therapie

Der Körper von Menschen mit Typ 1 Diabetes stellt kaum oder kein Insulin her. Sie müssen es deswegen spritzen. Da Insulin ein Eiweiß ist, kann es nicht als Tablette oder Flüssigkeit geschluckt werden, denn unsere die Magensäure würde es zerstören. Es wird deshalb ins Unterhautfettgewebe eingespritzt. Eine mögliche Nebenwirkung der Insulintherapie können Unterzuckerungen sein, wenn die Insulindosis nicht zur Nahrungsaufnahme und Bewegung passt. Bei ausreichender Kenntnis passiert das aber nie.

Menschen mit Typ 1 Diabetes können die Therapie weitgehend eigenständig durchführen. Die Behandlung bedeutet, Kohlenhydrate im Essen zu berechnen, die Zuckerwerte zu kontrollieren, und Insulin zu spritzen. Sie sollten mehrmals täglich ihren Zuckerspiegel überprüfen, um zu hohe und zu niedrige Werte rechtzeitig zu erkennen. Besonders vor den Mahlzeiten sind Blutzuckerkontrollen wichtig, um die benötigte Insulinmenge berechnen zu können. Aber auch bei anderen Gelegenheiten, etwa zum Sport, vor dem Schlafengehen, bei Krankheiten oder bei Anzeichen einer Unterzuckerung sollte eine Messung durchgeführt werden.

Diabetes Typ 2

Diabetes Typ 2 ist die häufigste Form unter den Diabeteserkrankungen, besonders bei Erwachsenen. Diabetes Typ 2 tritt in 90 % aller Zuckerkrankheitsfälle auf. Die Zahl der Neuerkrankungen steigt in Deutschland jährlich um ca. 5 % an. Leider sind davon auch zunehmend Kinder und Jugendliche betroffen. Früher wurde der Diabetes 2 Typ auch als „Altersdiabetes" bezeichnet, weil vor allem ältere Menschen betroffen waren. Heutzutage tritt sie jedoch zunehmend bei jüngeren Menschen auf, weil die Risikofaktoren Übergewicht und Bewegungsmangel vermehrt in jungen Jahren vorhanden sind.

Der Altersdiabetes tritt meist ab etwa 45 Jahren auf. Anders als beim Typ 1 produziert der Körper zunächst noch Insulin. Es ist jedoch die Empfindlichkeit der Körperzellen herabgesetzt, sodass sie nicht ausreichend auf das vorhandene Insulin reagieren. Deswegen wird das auch als „Insulinresistenz" bezeichnet. Der Blutzuckerspiegel steigt, und dadurch versucht die Bauchspeicheldrüse, mehr Insulin zu produzieren, um den Anstieg zu verhindern. Diese hohe Produktion an Insulin bringt aber mit sich, dass die Bauchspeicheldrüse erschöpft und die Insulinproduktion nach und nach dauerhaft versiegt.

Ursachen

Die Vererbung spielt beim Diabetes Typ 2 eine wichtige Rolle. Neben der erblichen Veranlagung müssen noch Umweltfaktoren wie falsche Ernährung, Übergewicht oder Bewegungsmangel dazu kommen, damit sich die Zuckerkrankheit entwickelt. Oft liegt auch eine Insulinresistenz oder eine gestörte Ausschüttung von Insulin vor. Es ist wichtig, dass Sie sich Ihren Zuckerstoffwechsel mit Ihrem Arzt gut ansehen. Er wird Sie hinsichtlich einer Therapie beraten.

Diabetes Typ 2 tritt sehr oft gemeinsam mit anderen Risikofaktoren auf. Man spricht von einem „Metabolischen Syndrom", wenn folgende Faktoren vorhanden sind:

1. Bauchumfang ≥80 cm (Frauen) und ≥94 cm (Männer)
2. Triglyceride ≥150 mg/dl
3. HDL-Cholesterin <50 mg/dl (Frauen) und <40 mg/dl (Männer)
4. Nüchternglukose ≥100 mg/dl bzw. 5,6 mmol/l
5. Blutdruck systolisch ≥130 mmHg oder diastolisch ≥85 mmHg oder blutdrucksenkende Therapie

Diabetes Typ 2 ist eine „leise" und „unsichtbare" Krankheit, denn meistens verlaufen die Symptome über Jahre hinweg so unbemerkbar, dass die Erkrankung erst zu spät erkannt wird. Dann sind bereits Folgeerkrankungen eingetreten, und der Betroffene muss mit Diabetes ein Leben lang leben. Daher sind Vorsorgeuntersuchungen und Messungen ungemein wichtig!

Alle erwähnten Risikofaktoren führen zu einer verminderten Insulinempfindlichkeit (Insulinresistenz) und zu einem erhöhten Blutzuckerspiegel. Außerdem geben die Betazellen nach einem Essen das Insulin sehr langsam ab. Diese Störungen führen dazu, dass das Insulin seine Aufgaben im Körper nicht mehr richtig erfüllen kann. Und es zeigen sich leichtere und schwerwiegendere Symptome.

Symptome

Häufig treten allgemeine Symptome auf, die leider selten in Verbindung mit der Krankheit gebracht werden: Müdigkeit, Schwäche und Leistungsschwäche. Auch häufiger Harndrang und ein höheres Durstgefühl können erste Anzeichen für Diabetes sein: Ab einer bestimmten Blutzuckerkonzentration wird die Glukose über den Harn ausgeschieden. Der stärker zuckerhaltige Harn bewirkt, dass Sie öfter als früher auf die Toilette müssen. Der Körper gleicht den Flüssigkeitsverlust aus, indem er ein starkes Durstgefühl erzeugt. Weitere Symptome sind Gewichtsveränderungen, schlechte Wundheilung, permanentes Hungergefühl und Depressionen.

Diagnose

Um der Krankheit vorzubeugen oder möglichst früh über ihr Auftreten Bescheid zu wissen, sollten Sie an regelmäßigen Vorsorgeuntersuchungen teilnehmen und lassen am besten Ihren Blutzucker überprüfen. Besonders gilt das für Menschen, die ein erhöhtes Diabetesrisiko haben. Bei einer solchen Vorsorgeuntersuchung nimmt der Arzt Ihr Blut genau unter die Lupe, misst Ihren Blutdruck und checkt Ihre Größe und Ihr Körpergewicht. Sofern die Vorstadien von Diabetes rechtzeitig erkannt und entsprechend behandelt werden, lassen sich die Erkrankung und die damit verbundenen Folgeerkrankungen vermeiden.

Der Arzt kann die Diagnose durch folgende Methoden feststellen:

- Nüchternblutzucker

Diabetes Ernährung

- Gelegenheitsblutzucker
- Zuckerbelastungs- bzw. Glukosetoleranztest (oral)
- Langzeitblutzucker

Nüchternblutzucker: Hier wird der Blutzuckerwert auf nüchternen Magen bemessen. Der Nüchternblutzucker zeigt dann Diabetes auf, wenn der Wert mindestens 126 mg/dl bzw. 7,0 mmol/l im Blutplasma beträgt. Werte zwischen 110 und 125 mg/dl werden als grenzwertig angesehen. Möglicherweise liegt dann ein Diabetesvorstadium vor, die sogenannte „gestörte Glukosetoleranz". Der Arzt kann diesen Test noch mit einem Zuckerbelastungstest oder Glukosetoleranztest ergänzen.

Gelegenheitsblutzucker: Bei Diabetes beträgt der Gelegenheitsblutzucker mindestens 200 mg/dl bzw. 11,1 mmol/l.

Oraler Zuckerbelastungstest oder Glukosetoleranztest:

Bei den Diabetesvorstadien ist der Blutzucker nicht immer, sondern nur zeitweise erhöht, beispielsweise nach der Nahrungsaufnahme. Der Test wird ebenfalls nüchtern durchgeführt. Für den Test trinken Sie eine Flüssigkeit mit 75 g Zucker. Vor und zwei Stunden nach dem Trinken der Flüssigkeit wird dann der Blutzucker gemessen. Beträgt er nach zwei Stunden mehr als 200 mg/dl bzw. 11,1 mmol/l, liegt Diabetes vor.

Langzeitblutzucker:

Das Glykohämoglobin (HbA1c) ist der Farbstoff der roten Blutkörperchen (Hämoglobin). Dieser gibt an, wie hoch die Konzentration des Blutzuckers in den letzten sechs bis acht Wochen war. Deshalb wird er auch als „Langzeitblutzucker" oder „Blutzuckergedächtnis" bezeichnet. Diabetes liegt dann vor, wenn der HbA1c- Wert über 6,5 % bzw. 48 mmol/mol liegt. Auch während der weiteren Diabetesbehandlung ist der Wert wichtig, um Ihren Blutzuckerwert laufend zu kontrollieren.

Folgen

Ein zu hoher Blutzuckerspiegel verursacht keine körperlichen Schmerzen – und genau deshalb werden Diabetes und die möglichen Folgeerkrankungen auch von den meisten Menschen unterschätzt. Diabetes und die erhöhten Blutzuckerwerte können die kleinen und großen Blutgefäße des Körpers schwer stören und zu gefährlichen Nervenschäden führen. Etwa zwei Drittel aller Diabetiker versterben unglücklicherweise an verhinderbaren Herzinfarkten oder Schlaganfällen. Weiters können Nierenschädigungen, Sehstörungen, Amputationen oder Sexualstörungen eintreten. Neuropathie sind Nervenschäden, die ein Taubheitsgefühl verursachen und Geschwüre an den Beinen und Füßen auslösen können. Retinopathie sind Netzhauterkrankungen, die zu schweren Sehstörungen oder sogar Blindheit führen.

Daher sollten Sie immer darauf achten, dass Sie nach der Diagnose alle Lebensbereiche, die sich negativ auf Diabetes auswirken könnten, umkrempeln und verbessern.

Therapie

Sie haben schon gehört, welche Faktoren für das Ausbrechen der Krankheit verantwortlich sind. In der Therapie heißt es, diese zu ändern und möglichst rasch verbessern. Je grundlegender Sie das machen, desto besser werden Sie sich fühlen, und desto geringer ist das Risiko für Folgeerkrankungen. Gemeinsam mit Ihrem Arzt beschließen Sie die am besten geeigneten Therapiemethoden.

Erst wenn es über gesteigerte körperliche Aktivität und gesündere Ernährung während drei bis sechs Monate nicht möglich ist, die Blutzuckerwerte zu verbessern, kommen Diabetesmedikamente oder Insulin zum Einsatz. Liegen Ihre Blutzuckerwerte ständig über <200 mg/dl = 11,1 mmol/l, ist eine sofortige medikamentöse Therapie notwendig - gegebenenfalls anfänglich sogar mit Insulin.

Tabletten bekommen Sie vom Arzt dann verschrieben, wenn Ihr Körper noch selbst Insulin produziert. Dabei gibt es verschiedene Tabletten mit unterschiedlichen Wirkstoffen: Manche regen die Bauchspeicheldrüse zur Insulinproduktion an, und manch andere unterstützen das Insulin bei seiner Arbeit.

Sobald Tabletten den Blutzuckerwert nicht gut genug senken können, sollten Sie sich Insulin selbst spritzen. Das gilt auch, wenn Ihre Bauchspeicheldrüse die Insulinherstellung eingestellt hat. Das Angebot an Insulinmedikamenten der Pharmaindustrie ist groß: Es gibt natürliche und synthetische Stoffe. Einige Diabetiker müssen nur zu den Mahlzeiten spritzen, andere wiederum setzen sich die Injektionen morgens und abends. Wieder andere spritzen Insulin und nehmen zusätzlich Tabletten. Ihr Arzt wird Sie hier am besten beraten können. Klar ist, dass wir nicht dazu gemacht sind, uns selbst Spritzen zu setzen. Daher können Sie in Diabetesschulungen lernen, an welchen Körperstellen Sie sich die Injektionen am besten setzen. Diese Schulungen werden in Krankenhäusern und in Beratungszentren angeboten.

Falsch ist die Annahme, dass durch das Insulinspritzen die Insulindosis stetig gesteigert werden muss. Das Gegenteil ist der Fall, denn durch die Insulingabe kommt es oft zu einer Verbesserung, und Sie müssen weniger spritzen. Vor allem, wenn Sie Ihren Lebensstil ändern, können Sie eine enorme Verbesserung Ihres Blutzuckerspiegels herbeiführen und dadurch die Medikamenteneinnahme oder Insulinaufnahme drosseln.

Typ 3 Diabetes

Der Begriff ist nicht offiziell, sondern wird für alle Diabetesunterarten verwendet, die sich wegen ihrer Ursachen von den Typen 1, 2 und 4 abgrenzen. Diabetes Typ 3 zeichnet sich, wie die anderen Diabetesformen, durch eine permanente Erhöhung des Blutzuckers und schwere Begleit- und Folgeerkrankungen aus. Allerdings gibt es den einen Typ 3 Diabetes nicht, sondern viele verschiedene Formen. Die Ursachen sind vielgründig.

Ursachen

Diabetes Typ 3 hat im Gegensatz zu den anderen Diabetesformen andere Auslöser:

- Stoffwechselerkrankungen
- Antibiotika- oder andere Medikamenteneinnahme
- Virusinfektionen
- Stoffwechselstörungen oder chronische Entzündungen der Bauchspeicheldrüse
- Erkrankungen der Bauchspeicheldrüse oder Entfernung der Bauchspeicheldrüse
- Genetische Defekte der β-Zellen und andere genetische Missbildungen
- Fehlfunktionen des Immunsystems

Symptome

Die Symptome ähneln denen der anderen Diabetesformen: Ein permanent erhöhter Blutzuckerspiegel, durch den die Organe geschädigt werden können und der dadurch ein Risiko für Begleit- und Folgeerkrankungen darstellt.

Typische Symptome sind: starker Durst, starker Harndrang und häufiges Wasserlassen, Müdigkeit und Leistungsminderung, Gewichtsverlust,

Acetongeruch in der Atemluft und im Urin sowie Sehstörungen.

Diagnose

Ist der Blutzucker im nüchternen Zustand hoch, und der Langzeitblutzucker auf einem zu hohen Blutzuckerspiegel, dann wird dieser Diabetestyp vermutet. Alternativ kann ein oraler Glukosetoleranztest durchgeführt werden. Bei entsprechend hohen Blutzuckerwerten gilt die Diagnose Diabetes als bestätigt. Mithilfe weiterer Untersuchungen, wie zum Beispiel einer Chromosomen- oder Genanalyse, wird die Ursache herausgefunden.

Da Diabetes Typ 3 vergleichsweise selten auftritt, wird die Krankheit oft erst sehr spät - und manchmal nach einer falschen Typ 1 oder Typ 2 Diagnose - diagnostiziert. Dabei ist eine frühe Diagnose wie bei allen anderen Diabetesformen sehr wichtig, um möglichst schnell mit der Therapie zu beginnen und gesundheitliche Probleme sowie Folgeerkrankungen, zu vermeiden.

Therapie

Bei der Therapie werden die überhöhten Blutzuckerwerte wie bei den anderen Formen durch mehr Sport, eine gesündere Ernährung, eine Diät, durch blutzuckersenkende Medikamente oder durch die Injektion von Insulin reguliert.

Wie bei allen Diabetestypen gilt es, die Blutzuckerwerte zu stabilisieren.

Schwangerschaftsdiabetes (Gestationsdiabetes)

Unter Schwangerschaftsdiabetes ist eine Glukosetoleranzstörung zu verstehen, die während einer Schwangerschaft auftritt. In Deutschland sind davon etwa 5 % - 10 % aller schwangeren Frauen betroffen.

Es gibt einige Risikofaktoren für einen Schwangerschaftsdiabetes:

- über 30 Jahre

- Bluthochdruck
- Diabetes in der Familie
- Fettstoffwechselstörungen

Ursachen

In der Schwangerschaft sorgt der veränderte Hormonhaushalt der Mutter für eine reduzierte Empfindlichkeit der Zellen gegenüber Insulin (Insulinresistenz) und damit für einen höheren Insulinbedarf. Dabei ist die Bauchspeicheldrüse der Mutter in der Lage, diesen Bedarf zur Verfügung zu stellen. Dadurch ist auf den ersten Blick kein Anstieg des Blutzuckerspiegels messbar. Bei 5 – 10 % der Frauen gelingt dies allerdings nicht, und ein Schwangerschaftsdiabetes tritt auf. Nach der Geburt normalisiert sich der Blutzuckerwert bei den meisten Frauen wieder.

Schwangerschaftsdiabetes kann jedoch schwerwiegende gesundheitliche Folgen für Mutter und Kind haben. Die Mutter kann während der Schwangerschaft Bluthochdruck entwickeln und häufig besteht eine erhöhte Neigung zu Harnwegsinfektionen. Für das Kind kann Schwangerschaftsdiabetes eine problematische Geburt oder auch eine spätere Neigung zu Typ 2 Diabetes bedeuten.

Symptome

Normalerweise verläuft diese Art von Diabetes ohne Symptome.

Diagnose

2012 wurde deutschlandweit ein generelles Screening für alle Schwangeren zwischen der 24. und 28. Schwangerschaftswoche eingeführt. In dieser Zeit nimmt hormonbedingt die Insulinempfindlichkeit der Zellen ab, und der Blutzucker kann leicht ansteigen. Die Krankenkassen übernehmen für diese Screenings die Kosten.

Folgen

Auch bei Schwangerschaftsdiabetes treten erhöhte Blutzuckerwerte auf. Diese gefährden nicht nur die Schwangere, sondern auch das Kind. Es kann zu Frühgeburten kommen, und die Babys kommen häufiger mit einem höheren Geburtsgewicht zur Welt, was zu Geburtskomplikationen führen kann.

Es wurde in Studien auch festgestellt, dass nach der Geburt mehr als 50 % der Frauen mit Schwangerschaftsdiabetes innerhalb von einigen Jahren an Typ 2 Diabetes erkranken. Außerdem können auch Kinder im Laufe ihres Lebens stärker übergewichtig und/oder ein erhöhtes Diabetesrisiko haben.

Therapie

In der Mehrheit der Fälle reicht bei Schwangeren eine Ernährungsumstellung aus, um die Blutzuckerwerte zu senken. Die Nahrung sollte sich folgendermaßen zusammensetzen: 40 – 50 % Kohlenhydrate, die aus den langkettigen Kohlenhydraten und einem hohen Ballaststoffanteil in Form von Getreide, Obst und Gemüse bestehen sollte, 20 % Eiweiße und 30 - 35 % Fett. Da der Blutglukoseanstieg morgens am größten ist, sollte die Kohlenhydratmenge zum Frühstück niedriger sein als zum Mittag- oder Abendessen.

Obwohl sich bei den meisten Frauen die Blutzuckerwerte nach der Schwangerschaft wieder normalisieren, haben Frauen mit Schwangerschaftsdiabetes ein erhöhtes Risiko für Diabetes Typ 2 nach der Schwangerschaft. Alle Frauen, die nach der Geburt normale Blutzuckerwerte aufweisen, sollten sechs bis zwölf Wochen nach der Geburt einen 75-g-Glukosetoleranztest durchführen. Des Weiteren wird empfohlen, jährlich an einer Kontrolluntersuchung teilzunehmen, um die Blutzuckerwerte zu kontrollieren.

Blutzuckermessung

Nehmen Sie als Therapie nur Tabletten ein und hat Ihr Arzt keine andere Empfehlung gegeben, sollten Sie Ihren Blutzucker zwei- bis dreimal pro Woche etwa ein bis zwei Stunden nach einer Mahlzeit testen. Diabetiker, die sich täglich Insulin spritzen, müssen ihren Blutzucker jedoch mehrmals pro Tag messen und überwachen. Dies wird mit Ihrem Arzt abgesprochen: Je nach Therapie kann es sein, dass Sie nur einmal täglich, vor jeder Mahlzeit oder Insulininjektion messen müssen. In besonderen Situationen wie bei Fieber, Krankheit, im Urlaub etc. sollten Sie Ihren Blutzucker mehrmals pro Tag messen.

Die Blutzuckermessung dient der Bestimmung des Glukosegehalts des Blutes. Der Vorteil der Blutzuckermessung ist, dass sie sehr schnell und einfach erfolgen kann. Die Blutzuckermessung mit Blutzuckermessgeräten zeigt Ihnen in Sekundenschnelle Ihren Blutzuckerwert an. Ein einzelner Blutstropfen, den man auf einen Teststreifen träufelt, reicht für diese Messung aus.

Blutzuckerselbstkontrollen können nur dann zum Therapieerfolg beitragen, wenn Sie Ihre Werte regelmäßig dokumentieren und mit Ihrem Arzt besprechen. Damit das einfacher geht, haben viele Geräte heutzutage ein integriertes elektronisches Tagebuch, in dem die gemessenen Werte automatisch abgespeichert werden.

Die Blutzuckerkonzentration kann dabei in zwei Einheiten gemessen werden: in Milligramm pro 100 ml Blut (mg/dl) oder in Millimol pro Liter Blut (mmol/l). International ist mmol/l die offizielle Einheit, in einigen Ländern wird jedoch mg/dl bevorzugt. In Deutschland gibt es keine Vereinheitlichung. In den alten Bundesländern wird in mg/dl, in den neuen Ländern in mmol/l gemessen. Beide Konzentrationen lassen sich jedoch gegeneinander umrechnen: 1 mmol/l= 18 mg/dl und 1 mg/dl = 0,055 mmol/l.

Verwenden Sie immer dieselbe Einheit bei Ihrem Gerät.

Waschen Sie sich vor jeder Messung gründlich mit Wasser die Hände, weil bereits winzigste Rückstände von Obst, Süßigkeiten, Cremes, Schweiß oder Schmutz die Messwerte verfälschen können. Ein Desinfektionsmittel oder Alkohol ist nicht nötig und die Reste könnten das Messergebnis wieder verfälschen. Trocknen Sie sich dann die Hände gut ab. Stechen Sie dann Ihren Finger, und tragen Sie Ihr Blut auf das Messgerät auf.

Bewahren Sie Blutzuckerteststreifen immer im Originalgefäß auf! Darin sind sie vor Licht, Luft und Feuchtigkeit geschützt.

Die Teststreifen und das Messgerät müssen immer vor Hitze oder Kälte geschützt werden. Lagern Sie die Streifen an einem dunkleren Ort und am besten nicht im Kühlschrank. Zwischen 10 und 30 Grad wäre die Idealtemperatur. Im Sommer bieten sich Kühltaschen an.

Diese Blutzuckermessgeräte können in der Apotheke oder im Sanitätshaus gekauft werden und die Handhabung ist ein Kinderspiel. Die Ergebnisse, die diese Geräte liefern, sind nicht frei von Messungenauigkeiten und die Werte sind sicherlich auch Schwankungen unterworfen. Wer bei BZ-Messungen wiederholt von den Normwerten abweichende Werte feststellt, sollte sich vom Arzt untersuchen lassen.

Der Blutzuckerwert bei Gesunden liegt vor dem Essen bei: 60 – 100 mg/dl oder 3,3 - 6,1 mmol/l. Nach dem Essen: bis 140 mg/dl.

Bei Gesunden liegt der Blutzuckerwert im nüchternen Zustand bei etwa 60 - 110 mg/dl oder 3,3 - 6,1 mmol/l. Von Diabetes Typ 2 spricht man, wenn die Blutzuckerwerte im nüchternen Zustand und/oder nach dem Essen dauerhaft erhöht sind und dabei folgende Werte vorliegen: Der Nüchternblutzucker ist ständig über 126 mg/dl (entspricht 7 mmol/l) und/oder der Blutzucker (nach dem Essen) über 200 mg/dl (entspricht 11,1 mmol/l).

Dabei gibt es zwei Abweichungen der normalen Blutzuckerwerte: Hypoglykämie (Unterzuckerung) und Hyperglykämie (Überzuckerung). Von Unterzuckerung spricht man, wenn die Blutzuckerwerte unter 50 mg/dl (2,8 mmol/l) fallen. Ein sehr starker Abfall der Werte kann zu einer Ohnmacht führen. Besprechen Sie mit Ihrem Arzt, was Sie bei einer Unterzuckerung machen sollten. Eine Überzuckerung (Hyperglykämie) kann nach dem Essen auftreten: Die Blutzuckerwerte steigen dann über 140 mg/dl (7,8 mmol/l) an. Sehr hoch ansteigende Blutzuckerwerte über 180 mg/dl (10 mmol/l) können ebenfalls zu einer Ohnmacht, dem sogenannten diabetischen Koma führen.

1. Hypoglykämie	
1. Definition	BZ < 50 mg/dl
2. Ursachen	zu geringe Nahrungszufuhr, Auslassen von Mahlzeiten, starke körperliche Belastung, zu hohe Insulingabe
3. Symptome	• blasse Haut, Heißhunger, Lallen, Müdigkeit/ständiges Gähnen, Sehstörungen, Schwitzen, Unruhe, bei älteren Menschen Stürze und Verwirrtheitszustände
Hyperglykämie	
4. Definition	BZ > 200 mg/dl
5. Ursachen	• fehlende oder zu geringe Insulingabe, Weglassen oder Vergessen auf Medikamente, zu hohe Kohlenhydratzufuhr, Stress, Alkohol
6. Symptome	Müdigkeit, großer Durst, verstärkter Harndrang, beschleunigter Puls, Schwäche, trockene Haut, Übelkeit, Erbrechen

Wichtig bei der Blutzuckermessung ist der sogenannte HbA1c-Wert. Er gibt Auskunft über die Ernährungsgewohnheiten in den vergangenen

Monaten und wird deshalb auch als Blutzuckergedächtnis bezeichnet. Der Anteil des HbA1c am Gesamtzucker des Blutes zeigt, ob jemand gesund ist, Diabetes hat und als Diabetiker gut auf Insulin eingestellt ist oder nicht.

7. HbA1c-Wert	8. Interpretation
unter 6 %	gesunde Person oder sehr gut eingestellter Diabetiker
6 – 8 %	gut eingestellter Diabetiker
8 – 10 %	mäßig bis schlecht eingestellter Diabetiker
über 10 %	sehr schlecht eingestellter Diabetiker

1. <u>Wann und wie oft sollten Sie Ihren Blutzucker messen?</u>

Grundsätzlich messen Sie den Blutzucker vor dem Essen, denn die Zielwerte beziehen sich immer auf den Nüchternblutzucker.

Wie häufig Sie darüber hinaus Ihren Blutzucker messen, wird Ihnen Ihr Arzt sagen. Die Messung ist von Person zu Person individuell und hängt von Ihren Medikamenten und allen anderen Faktoren ab, die Sie zur Verbesserung Ihres Gesundheitszustands tun. Halten Sie sich immer vor Augen, dass Sie die Krankheit in der Hand haben und deshalb auch wissen müssen, wie es Ihnen gerade geht und wo Sie stehen.

Prävention und Behandlung durch die richtige Ernährung - ist Diabetes heilbar?

Haben Sie einmal die Diagnose Diabetes erhalten, sollten Sie auf jeden Fall einmal pro Quartal zu Ihrem Arzt zu einer Kontrolluntersuchung gehen. Meistens ist das Ihr Hausarzt. Er kann mit Ihnen gemeinsam kontrollieren, wie Ihr Gesundheitszustand derzeit aussieht, ob Sie Medikamente brauchen und ob irgendwelche Folgeerkrankungen eingetreten sind. Manchmal überweist er Sie zu einem Spezialisten. Das könnte ein Nephrologe sein, falls es einen Nierenschaden gibt, oder ein Diabetologe, wenn Sie eine Insulintherapie brauchen.

Ob Sie Medikamente nehmen müssen oder nicht, entscheidet meistens der Arzt. Die meisten Diabetiker müssen am Anfang kein Insulin einnehmen. Sie sollten gerade direkt nach der Diagnose eine grundlegende Veränderung Ihres Lebensstils durchführen und dann jedes Quartal zu einer Kontrolle Ihrer Blutzuckerwerte zum Arzt gehen. In dieser Untersuchung misst Ihr Arzt, wie der durchschnittliche Wert Ihres Blutzuckers in den letzten acht bis zehn Wochen war. Eventuell bekommen Sie blutzuckersenkende Medikamente verschrieben. Diese müssen Sie nicht immer nehmen. Wenn Sie sich mit einer Veränderung Ihres Lebensstils unterstützen, fallen diese über kürzere oder längere Zeiträume weg, weil Ihre Zuckerwerte sich verbessern und auf einem konstanten Spiegel halten.

Im Durchschnitt wird bei Typ 2 Diabetikern erst nach zehn Jahren eine Therapie mit Insulin notwendig. Je weniger Übergewicht ein Typ 2 Diabetiker hat und je gesünder er lebt, desto länger lässt sich dieser Zeitpunkt nach hinten verzögern. Tun Sie deshalb regelmäßig etwas für die Verbesserung Ihrer Gesundheit: Machen Sie Sport, reduzieren Sie Ihr Gewicht, beenden Sie das Rauchen und stellen Sie Ihre Ernährung grundlegend um!

Diabetes Ernährung

Viele Menschen haben die Vorstellung, dass sie nach einer Diagnose einfach Tabletten nehmen können, sich Insulin spritzen und wie bisher weitermachen können. Doch das ist falsch. Diabetes kann nicht mit Tabletten, Pillen, Pulvern oder anderen Wundermitteln geheilt werden. Nur durch eine gesunde Lebensweise, die aus gesunden und frischen Lebensmitteln besteht, gepaart mit erhöhter körperlicher Bewegung, dem Verzicht auf Rauchen und Alkohol sowie der Verminderung von Stressfaktoren und seelischen Problemen können Sie Ihre Blutzuckerwerte verbessern.

In manchen Fällen ist die Verbesserung der Blutzuckerwerte so stark, dass Sie zeitweise keine Tabletten oder sogar kein Insulin mehr brauchen! Doch früher oder später verschlechtern sich die Blutzuckerwerte oft wieder. Die Ursache ist, dass die Insulinproduktion der Bauchspeicheldrüse im Laufe der Jahre immer mehr nachlässt. Das passiert auch als natürlicher Alterungsprozess bei gesunden Menschen. Bei vielen Diabetikern des Typs 2 führt das jedoch dazu, dass sich die Blutzuckerwerte nicht mehr ohne Medikamente im Normalbereich halten lassen.

<u>Hier eine Checkliste zur Verbesserung Ihres Gesundheitszustandes</u>

Was Sie vom Ernährungsstil her verbessern können:

- Frische ist das oberste Gebot: Lassen Sie von nun ab alle verpackten, verarbeiteten oder industriell hergestellten Nahrungsmittel außen vor. Diese sind mit sehr vielen Zusatzstoffen versehen, die Ihren Blutzucker in die Höhe treiben und Ihrer Gesundheit abträglich sind. Das heißt, dass Sie ab nun kein Fast Food, „Dosenfutter" oder Fertiggerichte kaufen oder verzehren sollten. Und wenn, dann fragen Sie immer nach den Bestandteilen oder lesen die Etiketten sehr genau. Die Natur bietet so viele tolle natürlich vorkommende Produkte: Obst, Gemüse, Getreide, Eier, Vollkorngetreide, Milchprodukte, Samen, Sprossen, Nüsse, Samen, Geflügel, Fisch und Fleisch und gute hochwertige Öle und Fette.

- Eliminieren Sie Zucker gänzlich aus Ihrem Leben. Damit ist Zucker in jeder industriell verarbeiteten Form gemeint: Haushaltszucker, Vollrohrzucker, Rohrzucker, Rübenzucker sowie alle anderen Süßungsmittel wie Agavendicksaft, Maissirup, Honig. Auch Getränke, die Zucker in irgendeiner Form enthalten. Erlaubt sind allenfalls Stevia oder in kleinen Mengen Kokosblütenzucker.

- Frisches Obst und Gemüse verzehren: Bauen Sie so oft als möglich Obst, Gemüse, Salat, Keime und Sprossen in Ihren Speiseplan ein. Sie können daraus auch Hauptmahlzeiten zum Mittag- und Abendessen machen.

- Setzen Sie vor allem auf fettarme Nahrungsmittel: Stellen Sie Ihre Ernährung so um, dass Fleisch, Geflügel, Wild, Fisch und Wurst die Beilagen ausmachen. Je weniger Rind-, Schweine- oder Lammfleisch Sie essen, desto geringer ist das Risiko für Typ 2 Diabetes. Vermeiden Sie Produkte mit verarbeiteten Wurstsorten wie Salamipizza, Schinken oder Fertigsuppen mit Speckwürfelchen. Setzen Sie beim Fleisch vor allem auf hohe Qualität. Diese bekommen Sie meist nicht im Supermarkt, sondern in der Fleischerei Ihres Vertrauens. Hier beraten Sie die Mitarbeiter auch darüber, woher das Fleisch kommt und wie es verarbeitet ist: Sind ihm Zucker oder andere Zusatzstoffe zugesetzt, die für Diabetiker nicht geeignet sind?

- Essen Sie vermehrt Vollkornprodukte und Erzeugnisse aus Pseudogetreidesorten: Bei der Auswahl von Getreideprodukten wie Brot und Backwaren, Nudeln, Reis und Getreideflocken kaufen Sie jene aus Vollkorn oder Quinoa, Amarant und Bulgur.

- Setzen Sie auf hochwertige Fette und Öle: Versuchen Sie, mit so wenig Fett als möglich zu kochen. Das schaffen Sie vor allem dadurch, dass Sie beschichtetes Kochgeschirr und Dampfgarer oder Römertöpfe verwenden. Hanf-, Lein-, Oliven- und Rapsöl sind dabei einige der hochwertigsten Fette überhaupt. Rapsöl ist das Einzige unter ihnen, das Sie aufwärmen können. Die anderen sind hitzelabil und sollten nur kalt über Gerichte gegeben werden.

- Essen Sie Superfoods: Superfoods sind Lebensmittel, die einen besonders hohen Vitalstoffgehalt haben. Darunter fallen zum Beispiel Beeren, Brennnessel, Löwenzahn, Gerstengras, Hanfsamen, Chiasamen, Acaibeeren, Moringabeeren, Mandelmilch, Spirulina- und Chlorellapulver. Sie können sich daraus in der Früh oder als Zwischenmahlzeit grüne Smoothies herbeizaubern.

- **Trinken Sie gesunde Getränke: Verm**eiden Sie zuckerhaltige Getränke. Löschen Sie Ihren Durst mit Mineralwasser, Saftschorlen und Kräutertees. Wenn Sie **bisher gezuckerte Getränke zu sich genommen haben, und diese gegen Wasser oder ungesüßten Tee austauschen, sinkt Ihr Diabetesrisiko um bis zu 25 %.**

- **Menschen über 60 sollten vor einer Ernährungsstellung oder Gewichtsreduktion ihren Hausarzt aufsuchen.**

Was Sie sonst noch verbessern können:

- Machen Sie regelmäßig mehr Bewegung: Bewegen Sie sich regelmäßig, mindestens jedoch fünf Stunden pro Woche. Körperliche Aktivität hilft Ihnen, Ihr Gewicht und Ihren Taillenumfang niedrig zu halten. Außerdem wird die Wirkung des Insulins verbessert und dadurch der Blutzuckerspiegel besser reguliert. Wählen Sie eine Sportart, die Ihnen langfristig Spaß machen wird. Diese sollten Sie neben sonstiger ausreichender Bewegung zwei- bis dreimal die Woche ausüben. Wenn es Sie mehr motiviert, treten Sie einem Verein bei, wo Sie mit anderen trainieren und neue Kontakte schließen können. Gehen Sie öfter Strecken als sie mit den öffentlichen Verkehrsmitteln oder mit dem Auto zu fahren. Sind Sie stark übergewichtig, beraten Sie sich mit einem Experten, um Ihre Gelenke zu schonen und auf die richtigen Sportarten zu setzen: Tai-Chi, Nordic Walken, Schwimmen etc. Auch ein regelmäßiger Spaziergang kann helfen.

- Fahren Sie kürzere Strecken mit dem Fahrrad: Hier können Sie sich ebenfalls bewegen und Fahrrad fahren kann man fast das ganze Jahr über.

- Ein höherer Taillenumfang ist mit einem erhöhten Diabetesrisiko verknüpft. Reduzieren Sie ihn durch die Nahrungsumstellung und durch Sport. Studien zeigen, dass bereits eine geringe Gewichtsreduktion das Diabetesrisiko senken kann.

- Hören Sie mit dem Rauchen auf: Als Raucher sollten Sie Ihren Zigarettenkonsum einstellen, denn Rauchen erhöht auch das Risiko für Krebs und Herz-Kreislauf-Erkrankungen.

- Kontrollieren Sie Ihren Kaffeekonsum: Interessanterweise zeigen einige Studien einen Zusammenhang zwischen Kaffeekonsum und einem Typ 2 Diabetesrisiko. Trinken Sie daher weniger Kaffee oder setzen auf Kaffee-Ersatz, den es heutzutage im Naturkostladen zu kaufen gibt. Er hat den gleichen Geschmack und die gleiche Koffeinwirkung wie Kaffee.

- Machen Sie eine Probiotikakur: Bei Diabetes können Sie außerdem eine Probiotikakur zur Sanierung Ihres Darms durchführen. Probiotika sind verschiedene Kulturen nützlicher Darmbakterien. Das ist deswegen interessant, weil durch Diabetes entzündliche Prozesse entstehen. Probiotika

Diabetes Ernährung

können diese eindämmen und können auch eine mögliche Insulinresistenz reduzieren.

Weder bei Typ 1 noch bei Typ 2 Diabetes gibt es eine spezielle Ernährungsform oder verbotene Lebensmittel. Eine ungesunde Ernährung mit viel Fett und Zucker wird sich negativ auf Ihre Gesundheit auswirken, denn die Blutzuckerwerte und die Waage werden verrückt spielen. Eine gesunde und ausgewogene Ernährung hilft Ihnen, Ihren Blutzuckerspiegel einfacher und schneller unter Kontrolle zu bekommen, und Folgeerkrankungen vorzubeugen. Wenn Sie in einem Frühstadium von Typ 2 Diabetes sind, können Sie den Ausbruch der Krankheit mit gesunder Ernährung und ausreichender Bewegung hinauszögern.

Sie brauchen auch keine speziellen Diätprodukte, die die Industrie und Lebensmittelhersteller gerade Diabetikern so gerne unter die Nase reiben. Diese sind oft teuer und enthalten keinen Mehrwert. Vielmehr setzen Sie auf eine Mischkost aus viel Gemüse und ein bis drei Stück Obst am Tag, mit Vollkornprodukten, wenig tierischem Fett und pflanzlichem Fett.

Die Berechnung von Broteinheiten mit Tabelle

Unser Körper braucht pro Tag eine bestimmte Energiemenge, der „Kalorienbedarf" genannt wird. Der nötige Kalorienbedarf ist dabei immer individuell und besteht aus dem sogenannten Grund- und Leistungsumsatz: Der Grundumsatz ist die Energiemenge, die der Körper braucht, um alle Lebensfunktionen im Ruhezustand aufrechtzuerhalten. Zumeist berechnet sich der Grundumsatz aus Alter, Geschlecht, Größe und Gewicht. Für zusätzliche körperliche Aktivitäten braucht er auch zusätzliche Energiezufuhr: Sie entspricht dem Leistungsumsatz.

Wir nehmen die Energie in Form von Nahrung und Getränken auf: Sie besteht aus Eiweißen, Fetten, Kohlenhydraten und Mineralstoffen und Vitaminen. Insulinpflichtige Diabetiker müssen dabei auf ihre Kohlenhydratzufuhr achten und nur bestimmte Mengen an Broteinheiten (BE) zu sich nehmen, und zwar, auf mehrere kleine Mahlzeiten verteilt.

Die Broteinheiten (BE) sind eine Einheit zur Berechnung des Kohlenhydratgehalts in Lebensmitteln. Sie wird inzwischen durch die international verwendete „Kohlenhydrateinheit" (KHE) abgelöst. Vor allem für Diabetiker, die mit Insulin behandelt werden, sind Broteinheiten heute noch wichtig. In Rezepten oder auf Lebensmittelverpackungen findet man auf den Etiketten die Angabe „BE" oder „Kohlenhydrate", die für Diabetiker wichtige Informationsquellen sind.

Haben Sie die Broteinheiten einer Mahlzeit berechnet, dann können Sie die Insulindosis abschätzen, die Sie sich spritzen müssen. So kann der zu erwartende Blutzuckeranstieg nach der Mahlzeit „abgefangen" werden. Es ist wichtig zu wissen:

Diabetes Ernährung

1 BE hebt den Blutzuckerspiegel, um etwa 40 mg/dl.

Eine Insulineinheit senkt ihn, um etwa 40 mg/dl.

Deshalb brauchen Sie 1 Insulineinheit, um die Wirkung 1er Broteinheit aufzuheben.

Da die Broteinheit ein Maß für den Kohlenhydratgehalt eines Nahrungsmittels ist, brauchen insulinpflichtige Menschen mit Diabetes diesen Wert, um ihre Insulindosis zu berechnen. Die Broteinheit ermöglicht es, Nahrungsmittel mit gleichem Kohlenhydratanteil gegeneinander auszutauschen.

1 BE entspricht 12 g Kohlenhydraten.

Eine dünne Scheibe Weißbrot (25 g) enthält genau 1 BE, daher der Name „Broteinheit". Alternativ dazu gibt es auch die Kohlenhydrateinheit (BE).

1 KE entspricht 10 g Kohlenhydraten.

Lebensmittel mit einem hohen Fett- oder Eiweißgehalt lassen den Blutzucker langsamer als kohlenhydratreiche Nahrungsmittel ansteigen. Es sind vor allem die Einfachzucker (Monosaccharide), die den Blutzucker schnell ansteigen lassen, weil sie vom Körper nicht zerkleinert werden müssen und sofort ins Blut gelangen können. Diese Einfachzucker sind vor allem in Obst oder Süßigkeiten enthalten. Zweifachzucker (Disaccharide) sind in Milchprodukten enthalten, in Form von Milchzucker (Laktose), vor allem zählt zum Zweifachzucker auch der Haushaltszucker (Saccharose), der von der Industrie sehr gerne zum Süßen von Nahrungsmitteln verwendet wird.

Eine gesündere Zuckerart sind die Mehrfachzucker (Polysaccharide), weil der Körper deren Zuckerketten zerkleinern muss, damit sie ins Blut aufgenommen werden können. Der Anstieg des Blutzuckerspiegels erfolgt dabei langsamer und gleichmäßiger und ist daher für Diabetiker gesünder. Diese Zucker sind in Vollkornprodukten, Salat, Sprossen, Keimen, Käse, Fleisch, Fisch oder kohlenhydratarmem Gemüse enthalten. Daraus ergibt sich auch, welche Lebensmittel Sie in Ihren Speiseplan einbauen sollten.

Bei bestimmten Therapien wird eine festgelegte Broteinheitsmenge über den Tag verteilt gegessen. So können bei gleichbleibender Broteinheitsmenge die Nahrungsmittel gegeneinander ausgetauscht werden. Andere Therapien setzen hingegen auf eine normale Ernährung ohne Einschränkungen. Mit der Zeit entwickeln die meisten Diabetiker ein Gefühl dafür, wie viele Broteinheiten in einem Lebensmittel in etwa enthalten sind.

Es gibt generell drei Gruppen von Lebensmitteln: Lebensmittel ohne Kohlenhydrate enthalten nur Fett und Protein und müssen nicht berechnet werden. Nahrungsmittel mit „insulinunabhängigen" Kohlenhydraten enthalten so wenig Kohlenhydrate, dass sie bei der Insulinberechnung nicht berücksichtigt werden müssen. Lebensmittel mit „insulinabhängigen" Kohlenhydraten enthalten Kohlenhydrate, die jeder Diabetiker mittels Broteinheiten überwachen sollte. In diesen Fällen muss die Insulingabe berechnet werden, die Sie sich spritzen.

Lebensmittel ohne Kohlenhydrate	Lebensmittel mit insulinunabhängigen Kohlenhydraten	Lebensmittel mit „insulinabhängigen" Kohlenhydraten
Fisch	kohlenhydratarmes Gemüse	Getreide und Getreideprodukte
Käse		kohlenhydratreiches Gemüse
Fleisch, Fleischerzeugnisse ohne Panade		Hülsenfrüchte

Diabetes Ernährung

hochwertige Öle, Butter, Margarine		Obst
Käse		Milchprodukte und Milch
		Sojaprodukte
		zuckerhaltige Getränke

Bei der Berechnung ist somit für Diabetiker nur die dritte Gruppe relevant: Bei den Lebensmitteln mit „insulinabhängigen" Kohlenhydraten wiegen Sie das Lebensmittel ab und informieren sich in einer Kohlenhydrattabelle nach dem Kohlenhydratgehalt. In Fertiggerichten können Sie diese Informationen auf dem Etikett finden. Der Kohlenhydratgehalt ist hier für jeweils 100 g des Lebensmittels angegeben. Wenn auf der Packung in 100 g Schokolade 45 g Kohlenhydrate enthalten sind, teilen Sie 45 durch 12. Das Ergebnis sind 3,75 BE.

Sind BE gleich BE?

Die Angabe BE drückt aus, wie viele Kohlenhydrate enthalten sind, sagt jedoch nichts über die Energieverwertung im Körper aus. Nicht jedes Nahrungsmittel wird gleich schnell umgewandelt. Es gibt schnelle und langsame Kohlenhydrate. Die Schnellen gelangen schneller ins Blut, die Langsamen verzögern die Aufnahme. Das Wissen darum ist für Diabetiker sehr wichtig, wenn Sie beispielsweise eine Unterzuckerung durch schnelle Energiezufuhr ausgleichen müssen.

Daneben gibt es auch noch die "versteckten Kohlenhydrate". So kann man als Diabetiker Karotten als Rohkost unbegrenzt essen, weil sie kohlenhydratarm sind. Werden sie jedoch gekocht, enthalten sie plötzlich die schnellen Kohlenhydrate. Der Grund dafür ist, dass durch das Kochen der fruchteigene Zucker freigesetzt wird. Auch bei anderen Lebensmitteln ist das der Fall. Lassen Sie sich am besten in einer Diabetesschulung beraten.

Durch eine gute Kombination können Sie Über- und Unterzuckerung verhindern. Mit ein wenig Übung wird die Berechnung der Broteinheiten zu einer schnellen Routine:

Lebensmittel	Menge 1 BE	
Brot & Gebäck		
Vollkornbrot	½ Scheibe	30 g
Roggenbrot	½ Scheibe	30 g
Brötchen	½ Stück	20 g
Knäckebrot	2 Stück	20 g
Getreideprodukte		
Hirse	1 EL	20 g
Haferflocken	1 EL	20 g
Weizengrieß/Polenta	1 EL	20 g
Reis	2 EL	15 g
Cornflakes	3 EL	15 g

Beilagen		
Kartoffelpüree	2 EL	100 g
Kartoffeln	1 Stück, mittelgroß	80 g
Nudeln	1 Portion	60 g
Kartoffelpuffer	1 - 2 Stück	50 g
Reis	2 EL	50 g
Knödel	½ Knödel	50 g
Pommes	½ Portion	40 g
kohlenhydratarmes Gemüse bis 200 g		
Gurken	-	-
Tomaten	-	-

Diabetes Ernährung

Möhre	-	-
Paprikaschoten	-	-
Pilze	-	-
Kopf- und Feldsalat	-	-
Obst		
Himbeeren	1 Portion	210 g
Erdbeeren	1 Portion	190 g
Wassermelonen	1 Scheibe	160 g
Pfirsiche	1 Stück	150 g
Grapefruits	1 Stück	130 g
Orangen	1 Stück	130 g
Mandarinen	2 Stück	120 g
Kiwi	1 Stück	120 g
Birnen	1 Stück	120 g
Honig-/Zuckermelonen	1 Scheibe	110 g
Nektarinen	1 Stück	100 g
Kirschen	8 Stück	90 g
Weintrauben	10 Stück	70 g
Milchprodukte		
Voll-, Magermilch	1 Becher	250 g
Sauer-, Buttermilch	1 Becher	250 g
Joghurt, Kefir	1 Becher	250 g
Getränke		
Bier	1 Flasche	500 ml
Wein	1 Flasche	250 ml
Möhrensaft	1 Glas	200 ml
Orangensaft	½ Glas	100 ml
Apfel-, Birnensaft	½ Glas	100 ml
Süßungsmittel		
Honig	1 EL	12 g

Fruchtzucker	1 EL	12 g
Traubenzucker	1 EL	12 g
Knabbergebäck & Süßes		
Diätschokolade	5 Stückchen	28 g
Chips	11 Stück	21 g
Salzstangen	11 Stück	17 g
Butterkekse	3 Stück	16 g
Gummibärchen	6 Stück	15 g

Frühstücksrezepte

Wie wichtig ist das Frühstück für Diabetiker? Studien zeigen, dass Diabetiker, die ein ausreichendes Frühstück zu sich nehmen, durchschnittlich um bis zu 20 % weniger Insulin für den Tag benötigen. Die positiven Auswirkungen auf die Blutwerte können über den ganzen Tag festgestellt werden. Deshalb: Frühstücken Sie immer!

Diabetiker sollten auch deshalb frühstücken, um die Reserven aufzufüllen, die über Nacht verarbeitet wurden. Insgesamt sollten pflanzliche Nahrungsmittel auf dem Frühstückstisch stehen. Ein sättigendes Frühstück gibt Ihnen Power für den Tag und Kohlenhydrate, Fette, Eiweiße und Vitamine bewirken bessere Blutzuckerwerte.

Wichtig ist, dass vor allem das Verhältnis zwischen Eiweißen und Ballaststoffen gut ist.

Vollkornprodukte, Müsli, Nüsse und Obst sind gerne gesehene Zutaten, die Ihre Gesundheit unterstützen. Weißmehlprodukte wie Brötchen, Semmeln und fertige Müslis oder Cerealien sollten vermieden werden – diese lassen Ihren Blutzuckerspiegel deutlich schneller ansteigen. Auch Süßes wie Marmelade oder Honig sollten Sie vermeiden.

Hier eine kurze Übersicht, was sich an Lebensmitteln für Ihr Frühstück eignet:

Lebensmittelgruppe	Frühstücksoption
Brot & Backwaren	Vollkornbrot, Pumpernickel, Roggenbrot, Dinkelbrot, Knäckebrot, *kein Weißbrot*
Müsli	aus Getreideflocken, Kokosflocken oder Pseudogetreideflocken oder Haferflocken, *keine Cerealien oder gezuckerte Müsliprodukte*
Obst & Gemüse	alle Sorten mit wenig Zucker- oder Kohlenhydratgehalt
Fleisch, Geflügel	Schinken, Putenschinken

Getränke	Wasser, Mineralwasser, schwarzer oder grüner Tee - *alle ohne Süßstoffe oder Honig*
Eier	hart gekocht, Eierspeise, Omelette, Rührei
Süßes	Stevia, *kein Honig oder Marmelade*
in kleinen Portionen sind Milchprodukte erlaubt	Butter oder Margarine, magerer Käse, Frischkäse, *keine verarbeiteten Produkte wie Fruchtjoghurts oder Puddings*

Vollkornhaferflocken

100 g Vollkornhaferflocken

200 ml fettarmer Joghurt

200 g Himbeeren

50 g Kokosraspel

1 Handvoll Walnüsse, fein gehackt

1 Schuss Leinöl

Mischen Sie alle Zutaten, bis auf die Himbeeren in einer großen Schüssel und lassen Sie die Haferflocken für ca. 1 Stunde einweichen.

Servieren Sie Ihre Haferflocken mit den Himbeeren.

Brötchen

150 g Vollkornmehl

1 Ei

½ Päckchen Backpulver

150 ml Magerquark

200 g Frischkäse

50 g Radieschen, geschält, geraspelt

25 g Sonnenblumenkerne

1 Prise Salz

Mehl zum Bearbeiten

Den Backofen auf 180 Grad vorheizen.

In einer großen Schüssel die Radieschen mit dem Quark und Ei verrühren. Das Mehl, Salz und Backpulver mischen und dazugeben. Gut durchkneten und kurz ruhen lassen.

Den Teig auf wenig Mehl in 4 Brötchen teilen und zu länglichen Brötchen formen. Die Sonnenblumenkerne untermischen.

Auf ein mit Backpapier belegtes Blech setzen und ca. 30 Min. goldbraun backen. Auskühlen lassen. Mit Frischkäse servieren.

Grüner Smoothie

2 Avocados, geschält, entkernt

200 g Blattspinat

1 Stange Staudensellerie, ohne Strunk

2 Bananen, geschält

250 ml fettarme Milch

Alle Zutaten in einem Hochleistungsmixer pürieren.

Belegtes Roggenbrot

4 Scheiben Roggenbrot

20 g Butter

150 g Schmelzkäse (20 % Fett)

6 Gurken, geschält, in feine Scheiben geschnitten

1 Handvoll Brunnenkresse

Das Roggenbrot mit der Butter bestreichen, den Schmelzkäse darüberlegen, dann die Gurken darauf verteilen und zum Schluss mit der Brunnenkresse garnieren.

Dinkelbrot mit Lachsschinken

4 Scheiben Dinkelbrot

20 g Butter

8 Scheiben Lachsschinken

4 Essiggurken, länglich in feine Streifen geschnitten

Das Dinkelbrot mit der Butter bestreichen, den Lachschinken darüberlegen und dann die Essiggurken darauf verteilen.

Rührei mit Lachs

6 Eier

70 g Lachsfilet, in feine Streifen geschnitten

100 g Blattspinat

30 g Edamer, gerieben

½ Handvoll frische Petersilie, fein gehackt

etwas Öl

Salz und Pfeffer zum Abschmecken

Die Eier in einer Schüssel schaumig rühren. Dann die restlichen Zutaten dazu mischen und gut miteinander verquirlen. Am Ende nach Belieben mit Salz und Pfeffer abschmecken.

In einer Pfanne das Öl erwärmen und die Eiermasse dazu mischen. Für ca. 5 Minuten stocken lassen.

Fruchtquark mit Nüssen

250 ml Magerquark

25 g Haselnüsse, fein gehackt

½ reife Mango, geschält, entsteint

1 Banane, geschält

70 g Blaubeeren

Alle Zutaten in einer Schüssel gut miteinander verrühren. Wer möchte, kann mit etwas Stevia noch nachsüßen.

Obstspieße

1 Apfel, geschält, gewürfelt

20 grüne Weintrauben

¼ Zuckermelone, geschält, gewürfelt

1 Banane, geschält, in dicke Scheiben geschnitten

20 g Mandeln

150 ml Naturjoghurt

50 ml Kefir

1 Prise Stevia

1 Prise Zimt

6 Spieße

Auf die Spieße abwechselnd das Obst stecken.

In einer Schüssel den Joghurt, den Kefir, die Mandeln und das Stevia mischen. Zum Schluss noch eine Prise Zimt dazugeben.

Obst-Smoothie

200 ml Mandelmilch

150 g Blattspinat

1 Banane, geschält

100 g Blaubeeren

½ Stange Staudensellerie, ohne Strunk, fein geschnitten

1 Dattel, entsteint

Alle Zutaten in einem Hochleistungsmixer zu einem Smoothie vermixen.

Gedeckte Pfannkuchen mit Obst

40 g Dinkelvollkornmehl

25 g Mandeln, gemahlen

1 Ei

1 Orange, geschält, gewürfelt

½ Mango, geschält, entsteint, gewürfelt

75 ml fettarme Milch

80 g fettarmer Naturjoghurt

1 Messerspitze Stevia

1 Prise Salz

1 TL Rapsöl

Zuerst das Ei trennen. Mit einem Handmixer in einer Schüssel das Eiweiß steif schlagen.

Das Eigelb in einer separaten Schüssel mit Stevia und Salz cremig schlagen. Dann das Mehl und die Mandeln dazugeben und die Milch unterrühren.

Nun den Eischnee vorsichtig unterheben und einen Teig herstellen. Den Teig zugedeckt für ca. 20 Minuten an einem warmen Ort quellen lassen.

Eine beschichtete Pfanne mit Öl einpinseln und den Teig hineingießen. Bei schwacher Hitze von jeder Seite zu einem Pfannkuchen backen.

Die Früchte auf einer Hälfte der Pfannkuchen verteilen, den Joghurt darüber leeren und den Pfannkuchen zuklappen.

Pumpernickel mit Gemüse

4 Scheiben Pumpernickel

100 g Frischkäse

1 Gurke, geschält, fein gerieben

2 Paprikaschoten, ohne Stielansatz, entkernt, ohne Venen, in feine Streifen geschnitten

½ Bund Schnittlauch, fein gehackt

Saft 1 Zitrone

Salz und Pfeffer

In einer Schüssel den Frischkäse, den Schnittlauch, die Gurke, den Zitronensaft und etwas Salz und Pfeffer miteinander zu einem Aufstrich vermischen.

Die Brotscheiben damit bestreichen, die Paprikastreifen darüber türmen und genießen.

Kartoffelfrühstück

10 Kartoffeln, geschält, gehobelt

200 g Lauchzwiebeln, ohne Strunk, in feine Ringe geschnitten

140 g Erbsen (tiefgekühlt oder aus dem Glas)

40 g Schinken

2 Eier

1 EL Öl

Salz und Pfeffer zum Abschmecken

Das Öl in einer beschichteten Pfanne erhitzen und die Kartoffelraspel ca. 10 Minuten goldbraun dünsten. Mit Salz und Pfeffer abschmecken.

Die Lauchzwiebeln, Erbsen und den Schinken dazugeben. Weitere 5 Minuten unter ständigem Wenden braten.

In einer Schüssel die Eier verquirlen und mit Salz und Pfeffer würzen.

Nun die Ei-Masse über die Kartoffel-Gemüse-Mischung gießen. Zugedeckt bei schwacher Hitze 5 - 8 Minuten stocken lassen.

Anrichten und eventuell mit etwas frischer Petersilie oder frischem Schnittlauch garnieren.

Avocado-Ei-Toasts

4 Scheiben Vollkorntoast

2 Avocados, entsteint, geschält

1 Zwiebel, fein gehackt

1 Knoblauchzehe, gepresst

3 Eier, hart gekocht

30 ml Crème fraîche

Saft 1 Zitrone

1 Handvoll frische Petersilie, fein gehackt

1 Prise Salz

3 EL Rapsöl

In einer kleinen Schüssel das Fruchtfleisch der Avocado mit einer Gabel zu einem Mus zerdrücken. Die Zwiebel und die Knoblauchzehe untermischen.

In einem Hochleistungsmixer die Eier mit Crème fraîche, dem Zitronensaft, etwas Petersilie und Salz zu einer Creme vermengen.

Die Scheiben Vollkorntoast im Toaster toasten und herausnehmen.

Auf den Toastscheiben das Avocadomus und die Eicreme streichen.

Zum Schluss mit der gehackten Petersilie garnieren und genießen.

Omelette mit Ziegenkäse

4 Eier

200 g Ziegenkäse, gewürfelt

60 g Butter

½ Bund frische Petersilie, fein gehackt

Salz und Pfeffer zum Abschmecken

Die Eier in eine Schüssel aufschlagen. Dann salzen und pfeffern und alles gut verquirlen. Den Ziegenkäse mit dem Basilikum unter die Eier mischen.

Die Hälfte der Butter in einer Pfanne erhitzen, und die Hälfte der Eiermischung eingießen. Die Masse gleichmäßig verteilen und das Omelett auf beiden Seiten backen. Das zweite Ziegenkäseomelett genauso zubereiten.

Die Omeletts in der Mitte zusammenklappen und servieren.

Müsli mit Himbeeren

50 g Haferflocken

20 g Leinsaat, gemahlen

50 g Nüsse, fein gehackt

150 g Himbeeren

200 ml Milch

Alle Zutaten miteinander vermischen und ca. 15 Minuten aufquellen lassen. Wer will, kann das Ganze noch mit einer Messerspitze Stevia versüßen.

Avocado-Creme mit Ei

4 Avocados, geschält, entsteint

2 Eier, hart gekocht, der Länge nach halbiert

4 EL Crème fraîche

½ Bund frischer Koriander, fein gehackt

Saft 1 Zitrone

1 TL Avocadoöl

Salz und Pfeffer zum Abschmecken

In einer Schüssel die Avocados, die Crème fraîche, den Zitronensaft und den Koriander zu einer feinen Creme rühren. Mit dem Salz, Pfeffer und Öl abschmecken.

Die Eierhälften mit der Avocadocreme bestreichen und servieren. Eventuell mit etwas frischer Petersilie oder frischem Schnittlauch garnieren.

Brennnessel-Birne-Smoothie

200 g Blattspinat

50 g Brennnesseln

2 Birnen, geschält, ohne Kerngehäuse

½ Banane, geschält,

100 ml fettarme Milch

150 ml Wasser

Die Birnen waschen und entkernen. Sie können auch mit Schale verwendet werden. Die Banane schälen.

Alle Zutaten im Mixer zu einer cremigen Masse pürieren.

Getreideflocken mit Joghurt und Obst

150 g Hafer-, Amarant- oder Quinoaflocken

200 ml Naturjoghurt

50 ml Kefir

1 Birne, ohne Kerngehäuse, fein gewürfelt

1 Handvoll Hanfsamen

1 Messerspitze Stevia

Die Flocken vor dem Frühstück für ca. 20 Minuten im Joghurt und Kefir einweichen, bis sie schön weich sind.

Beim Servieren mit den anderen Zutaten bestreuen.

Hauptspeisen

Menschen mit Diabetes sollten generell darauf achten, dass der Kohlenhydratanteil täglich bei 45 – 60 % liegt. Zucker sollte dabei nicht mehr als 10 % der Gesamtenergiemenge ausmachen, weil er den Blutzuckerspiegel hinauftreibt und schnell wieder absinken lässt. Lebensmittel liefern dann gute Kohlenhydrate, wenn sie die komplexen Kohlenhydrate enthalten. Man nennt diese Lebensmittel auch Nahrungsmittel mit niedrigem „glykämischen Index".

Kohlenhydrate sind die einzigen Nährstoffe, die Ihren Blutzuckerspiegel direkt beeinflussen. Sie unterteilen sich in Stärke, Ballaststoffe und Zucker. Im Verdauungstrakt werden Stärke und Zucker zu Traubenzucker (Glukose) umgewandelt, der dann direkt ins Blut übergeht. Gute Kohlenhydrate halten den Blutzucker hingegen stabil: Das sind Lebensmittel wie Gemüse, Obst und Vollkornprodukte, die viele Ballaststoffe enthalten. Da sie nicht verwertet werden können, wirken Ballaststoffe günstig auf den Blutzucker. Sie verlangsamen die Aufspaltung der Kohlenhydrate in Glukose im Dünndarm.

Hier die möglichen Nahrungsmittelgruppen, die Sie beliebig miteinander kombinieren können:

Lebensmittelgruppe	Hauptspeise
Fleisch, Geflügel	mageres Fleisch und etwas Geflügel, *keine Wurst oder Wurstwaren*
Fisch, Meeresfrüchte	alle Arten sind gut geeignet, *kein „Dosenfutter"*
Gemüse, Salat	alle Sorten mit wenig Zucker- oder Kohlenhydratgehalt
Sprossen, Keime	alle Sorten sind gut geeignet

Getreide, Pseudogetreide	alle Vollkornsorten und Pseudogetreidesorten sind gut geeignet
Hülsenfrüchte	alle Arten sind gut geeignet
Eier	Hart gekocht, Eierspeise, Omelette, Rührei
Süßes	Stevia, *kein Honig oder Marmelade*
in kleinen Portionen sind Milchprodukte erlaubt	Butter oder Margarine, magerer Käse, Frischkäse, *keine verarbeiteten Produkte, wie Joghurts oder stark verarbeitete Käsesorten*
Getränke	Wasser, Mineralwasser, schwarzer oder grüner Tee - *alle ohne Süßstoffe*

Gemüse mit Asiatischem Dip

6 Kartoffeln, geschält, in dicke Streifen geschnitten

1 Süßkartoffel, geschält, in dicke Streifen geschnitten

½ Hokkaidokürbis, geschält, entkernt, gewürfelt

6 Pastinaken, geschält

1 Zwiebel, in Ringe geteilt

60 g Cashewkerne

200 g Magerquark

50 g fettarmer Naturjoghurt (1,5 % Fett)

1 TL Currypulver

1 Prise Kurkumapulver

3 EL Olivenöl

Salz und Pfeffer zum Abschmecken

Das Backrohr auf 180 Graz vorheizen.

Das Gemüse mit Öl, Pfeffer und ein wenig Salz vermengen und auf ein mit Backpapier ausgelegtes Backblech geben. Im vorgeheizten Backofen für etwa 30 Min. garen.

Für den Dip die restlichen Zutaten in einer Schüssel miteinander verrühren. Dann mit Curry und ein wenig Salz abschmecken.

Das Gemüse mit dem Dip servieren.

Nudeln mit süßem Lammfleisch

120 g Vollkornnudeln

300 g Lammfilet, in feine Streifen geschnitten

20 Aprikosen, entsteint, in feine Streifen geschnitten

2 rote Zwiebeln, fein gehackt

1 Knoblauch, gepresst

je 1 Zweig Rosmarin und Thymian, fein gehackt

8 EL Fleischbrühe

3 TL Olivenöl

Salz und Pfeffer zum Abschmecken

In einem Topf die Nudeln in etwas Salzwasser bissfest kochen. Abgießen und etwas auskühlen lassen.

In einer Pfanne in etwas Öl die Zwiebeln mit dem Knoblauch andünsten und dann das Lammfilet dazugeben. Mit der Fleischbrühe ablöschen und die Aprikosen dazugeben. Einköcheln lassen und zum Schluss mit den Kräutern und Salz und Pfeffer abschmecken.

Das süße Lammfilet mit den Nudeln servieren.

Frikadellen mit buntem Salat

200 g mageres Rinderhackfleisch

2 EL Frischkäse

2 Zwiebeln, fein gehackt

200 g Vogerlsalat

10 Radieschen, ohne Stielansatz, in feine Scheiben geschnitten

2 Avocados, geschält, entkernt, gewürfelt

1 Handvoll Brunnenkresse

Saft 1 Zitrone

1 Schuss Balsamicoessig

8 EL Kürbiskernöl

1 Prise Paprikapulver

½ Bund frische Petersilie, fein gehackt

Salz und Pfeffer zum Abschmecken

1 TL Öl

Aus dem Zitronensaft, dem Essig und dem Kürbiskernöl ein Dressing herstellen.

Den Vogerlsalat mit den Radieschen, den Avocados, der Brunnenkresse und dem Dressing in einer Schüssel gut durchmischen.

Aus dem Rinderhack, dem Käse, den Zwiebeln, dem Paprikapulver und der Petersilie einen Teig formen. Zu Kugeln formen und in etwas Öl in der Pfanne braten.

Die Frikadellen mit dem Salat servieren.

Eierschwammerlgulasch

500 g Eierschwammerln, geputzt

2 Zwiebeln, fein gehackt

30 g Butter

2 EL Mehl

4 EL Crème fraîche

½ Bund frischer Schnittlauch, fein gehackt

1 Prise Paprikapulver

Salz und Pfeffer zum Abschmecken

In eine größere Pfanne die Butter geben und darin die Zwiebeln goldbraun braten. Dann das Paprikapulver hinzufügen und mit etwas Wasser abgießen.

Die Eierschwammerl hinzufügen und für ca. 10 Minuten auf kleiner Flamme kochen lassen. Am Schluss mit Salz und Pfeffer würzen.

In einer separaten Schüssel das Mehl mit Crème fraîche verquirlen und zu den Eierschwammerln hinzufügen.

Abschließend mit etwas Schnittlauch garniert servieren.

Geflügel-Curry

300 g Putengeschnetzeltes

200 g Tomaten, ohne Stielansatz, gewürfelt

200 g Auberginen, ohne Stielansatz, gewürfelt

1 reife Mango, geschält, entsteint

1 Zwiebel, geschält, fein gehackt

1 kleine Chilischote, entkernt, fein gehackt

3 EL Rapsöl

1 TL Currypulver

200 ml Kokosmilch

Salz

Das Fleisch mit der Zwiebel in einer Pfanne im heißen Öl 5 Minuten anbraten, dabei gelegentlich wenden. Mit der Kokosmilch ablöschen.

Das Putenfleisch mit Curry würzen und mit den Tomaten andünsten. Dann die Chilischote zufügen und für weitere 10 Minuten unter ständigem Wenden köcheln lassen.

Die Auberginen zum Curry geben und 10 Minuten garen. Nun die Mango dazugeben und für 5 Minuten mit garen lassen.

Den Curry mit Salz abschmecken.

Lachs mit Gemüse

300 g Lachsfilet

2 Stück Pak Choi, ohne Strunk, in feine Streifen geschnitten

1 Bund Lauchzwiebeln, ohne Strunk, in feine Ringe geschnitten

2 Zucchini, ohne Strunk, fein gewürfelt

3 Paprikaschoten, ohne Stielansatz, entkernt, ohne Venen, fein geschnitten

1 Stück Ingwerwurzel, geraspelt

2 Knoblauchzehen, gepresst

Saft 1 Zitrone

4 EL Olivenöl

Salz und Pfeffer zum Abschmecken

Das Backrohr auf 180 Grad vorheizen.

In einer Schüssel das Gemüse mit Öl, Zitronensaft, Pfeffer und wenig Salz vermischen und auf dem mit Backpapier belegten Backblech als „Grund" verteilen.

Das Lachfilet mit etwas Zitronensaft beträufeln und mit Salz und Pfeffer würzen. Nun auf das Gemüse türmen.

Im vorgeheizten Backofen für etwa 20 - 25 Minuten garen, bis der Fisch gar ist.

Paprikahühnchen

300 g Hähnchenbrustfilet, in Streifen geschnitten

2 Zwiebeln, fein gehackt

2 Knoblauchzehen, gepresst

3 rote Paprikaschoten, ohne Stielansatz, entkernt, ohne Venen, in Streifen geschnitten

250 ml Hühnerbrühe

1 EL Dijonsenf

5 EL Crème fraîche

2 EL Paprikapulver

½ Bund frische Petersilie, fein gehackt

4 TL Rapsöl

Salz und Pfeffer zum Abschmecken

Das Hähnchenfilet mit Salz und Pfeffer würzen, und in einer beschichteten Pfanne in 1 TL Öl braten. Dann herausnehmen.

In der gleichen Pfanne die Zwiebel, den Knoblauch und die Paprikaschoten anbraten. Dann die Hühnerbrühe dazu gießen.

Nun den Senf einrühren und die Hähnchenstreifen dazu fügen. Für ca. 15 Minuten gut durchgaren.

Zum Schluss Crème fraîche und die Petersilie dazugeben.

Getreide-Bowl mit Austernpilzen

150 g Couscous, Hirse, Quinoa oder Kamut

200 g Austernpilze, geputzt in feine Streifen geschnitten

100 g Mangold, ohne Stielansatz, in feine Streifen geschnitten

½ Stange Sellerie, fein geschnitten

1 Zwiebel, fein gehackt

1 Knoblauchzehe, gepresst

1 Handvoll frische Petersilie, fein gehackt

1 Prise Salz

4 EL Öl

Das Getreide in der zweifachen Menge Wasser für ca. 15 - 20 Minuten köcheln lassen, bis es gar gekocht ist. Danach auskühlen lassen.

Inzwischen die Zwiebel, die Knoblauchzehe den Mangold und die Pilze in etwas Öl in einer Pfanne für ca. 10 Minuten auf kleiner Flamme andünsten.

In einer Schüssel das Gemüse mit dem Getreide vermischen und mit Petersilie garniert servieren.

Hähnchenwraps

200 g Hähnchengeschnetzeltes

120 g Vollkornweizenmehl

100 g fettarmer Naturjoghurt (1,5 % Fett)

60 g Rucola

120 g Tomaten, ohne Stielansatz, gewürfelt

1 Avocado, geschält, entsteint, gewürfelt

1 TL Backpulver

1 Knoblauchzehe, gepresst

½ Bund Petersilie, fein gehackt

4 EL Rapsöl

80 ml Wasser

Salz und Pfeffer zum Abschmecken

Vollkornmehl zum Bearbeiten

In einer Schüssel das Mehl mit dem Backpulver und ½ TL Salz mischen. Nun 80 ml lauwarmes Wasser und 3 EL Öl zufügen und gut miteinander verkneten. Dann den Teig abgedeckt an einem wärmeren Ort für 30 Minuten aufgehen lassen.

In einer separaten Schüssel die Petersilie und den Knoblauch mit dem Joghurt und der Zitronenschale verrühren.

In einer Pfanne das Hähnchenfilet ca. 10 Minuten in etwas Öl unter ständigem Wenden anbraten. Dann mit Salz und Pfeffer abschmecken.

Nun den Teig auf einer mit Mehl bestäubten Arbeitsfläche ausrollen und halbieren. Daraus Wraps formen. In einer großen Pfanne von jeder Seite anwärmen.

Zum Schluss die Wraps mit der Joghurtsoße bestreichen. Mit dem Hähnchen und Gemüse belegen und einrollen.

Fetasalat

300 g Feldsalat

100 g Radicchio

150 g Feta, mit einer Gabel zerdrückt

5 große Tomaten, ohne Stielansatz, in Würfel geschnitten

1 Paprikaschote, entkernt, in feine Streifen geschnitten

1 Stange Staudensellerie, in feine Streifen geschnitten

1 Zwiebel, fein gehackt

1 Handvoll frischer Dill, fein gehackt

Salz und Pfeffer zum Abschmecken

Alle Zutaten miteinander in einer großen Schüssel vermischen, und mit den Gewürzen und Kräutern nach Belieben abschmecken.

Hähnchen-Champignonspieße

300 g Hähnchenbrustfleisch, in dicke Würfel geschnitten

30 Champignons

3 Paprikaschoten, ohne Stielansatz, entkernt, ohne Venen, in dicke Würfel geschnitten

250 ml Hühnerbrühe

20 Cocktailtomaten

Saft 1 Zitrone

2 TL Rapsöl

Salz und Pfeffer zum Abschmecken

4 Spieße

Die Hähnchenbrustwürfel, Champignons, Cocktailtomaten und Paprikaschoten auf die Spieße stecken.

In einer beschichteten Pfanne im Öl von allen Seiten braten, für etwa 10 Minuten.

Die fertigen Spieße mit Zitronensaft beträufeln und nach Belieben würzen.

Fischspieße

300 g Kabeljaufilets

2 Zwiebeln, in Streifen gerissen

¼ Ananas, geschält, gewürfelt

1 rote Paprikaschote, entkernt, ohne Venen, in dicke Würfel geschnitten

20 Cocktailtomaten

½ Bund frische Petersilie, fein gehackt

1 kleine Chilischote, entkernt, ohne Venen

Saft 1 Limette

3 EL Rapsöl

Salz

4 Spieße

Aus dem Limettensaft, dem Öl, Salz, der Chilischote und der Petersilie ein Dressing herstellen.

Alle Zutaten nacheinander auf die Spieße stecken. Nun das Dressing mit einem Pinsel auftragen.

In einer Pfanne in etwas Öl von allen Seiten ca. 10 Minuten anbraten.

Vollkornpasta mit Tomaten-Käsesoße

150 g Vollkornpasta

1 Zwiebel, geschält, fein gehackt

2 Paprikaschoten, ohne Stielansatz, entkernt, ohne Venen, in feine Streifen geschnitten

10 Tomaten, ohne Stielansatz, gewürfelt

50 g Gorgonzola, gewürfelt

½ Handvoll frisches Basilikum, fein gehackt

½ TL Paprikapulver

2 EL Olivenöl

Salz und Pfeffer zum Abschmecken

In einer Pfanne die Zwiebel mit den Paprika in etwas Öl andünsten. Die Tomaten hinzufügen. Mit Thymian, dem Paprikapulver, etwas Salz und Pfeffer würzen und aufkochen lassen. Für etwa 15 Minuten auf kleiner Hitze zu einer dickflüssigen Soße einkochen. Am Ende den Gorgonzola unterrühren und schmelzen lassen.

Inzwischen Nudeln in kochendem, leicht gesalzenem Wasser ca. 5 Minuten, bissfest garen. Dann die Nudeln abgießen und abtropfen lassen.

Mit der Soße übergießen und mit Basilikum bestreuen.

Lachsfilet mit Fenchel

300 g Lachsfilet

2 Fenchelknollen, ohne Strunk, fein gehackt

6 Tomaten, ohne Stielansatz, fein gewürfelt

Saft von 2 Zitronen

Saft 1 Orange

jeweils ½ Bund Rosmarin und Oregano, fein gehackt

2 TL Weißweinessig

2 EL Olivenöl

Salz und Pfeffer zum Abschmecken

Den Herd auf 180 Grad vorheizen.

Den Zitronensaft und Orangensaft mit dem gehackten Rosmarin, Oregano und etwas Salz Pfeffer zu einem Dressing vermischen.

Das Lachsfilet darin marinieren und ca. 1 Stunde ziehen lassen.

Die Fenchelstreifen mit Öl und Zitronensaft beträufeln und salzen und pfeffern.

In einer eingefetteten Auflaufform einen Boden aus Fenchel und Tomaten anrichten. Dann das Lachsfilet darüber türmen. Mit Weißweinessig übergießen. Für ca. 20 Minuten garen.

Kartoffeln mit Specksoße

4 große Kartoffeln, geschält

50 g Emmentaler

50 g Speck

50 ml fettarmer Naturjoghurt

1 Handvoll frische Petersilie, fein gehackt

Saft 1 Zitrone

Salz und Pfeffer zum Abschmecken

Das Backrohr auf 180 Grad vorheizen.

Die Kartoffeln in der Hälfte ein wenig einschneiden, sodass man sie später mit der Soße befüllen kann.

In einem Hochleistungsmixer den Käse, Speck, Zitronensaft und den Joghurt zu einer Soße vermixen.

Die Kartoffeln in einer Auflaufform anrichten. Nun die Soße jeweils hineingießen und ca. 30 Minuten im Backrohr weich garen.

Zum Schluss mit Petersilie garniert servieren.

Heringssalat

200 g Hering, gewürfelt

6 Stück Süßkartoffeln, geschält, fein gewürfelt

4 Stück Rote Bete, geschält, fein gewürfelt

1 Apfel, entkernt, fein gewürfelt

2 Zwiebeln, fein gehackt

150 g fettarmer Naturjoghurt

1 EL Apfelessig

½ Bund frischer Schnittlauch, fein gehackt

1 TL Öl

Salz und Pfeffer zum Abschmecken

In einem größeren Topf in etwas Salzwasser die Süßkartoffeln ca. 10 Minuten garen. Gegen Ende die Rote Bete dazugeben und für 5 weitere Minuten kochen. Vom Herd nehmen, abseihen und auskühlen lassen.

In einer Schüssel den Joghurt mit dem Essig, Pfeffer, Schnittlauch und Öl verrühren.

In einer separaten, größeren Schüssel alle Zutaten gut zu einem deftigen Salat vermengen.

Hirsesalat

100 g Hirse

200 ml Gemüsebrühe

1 Lorbeerblatt

1 Zwiebel, fein gehackt

1 Hokkaidokürbis, geschält, entkernt, gewürfelt

1 Avocado, geschält, entsteint, gewürfelt

20 Oliven, entkernt, halbiert

½ Stange Staudensellerie, ohne Strunk, in feine Ringe geschnitten

Saft 1 Zitrone

2 ½ EL Olivenöl

Salz und Pfeffer zum Abschmecken

In einem größeren Topf die Hirse mit der Gemüsebrühe und dem Lorbeerblatt aufkochen. Nun die Zwiebel und Kürbiswürfel hinzugeben und alles auf mittlerer Hitze für ca. 20 Minuten garen. Dann mit dem Paprikapulver, etwas Salz und Pfeffer abschmecken. Danach abkühlen lassen.

In einer großen Schüssel alle Zutaten zu einem Salat miteinander vermischen.

Lachsfilet mit Gemüse

300 g Lachsfilet

80 g Bärlauch

50 ml Naturjoghurt

50 g Frischkäse

3 Möhren, ohne Stielansatz, geschält, gewürfelt

100 g Fisolen, geputzt, fein geschnitten

2 Zwiebeln, fein gehackt

½ Bund frische Petersilie, fein gehackt

Saft von 2 Zitronen

250 ml Gemüsebrühe

1 EL Butter

6 EL Rapsöl

Salz und Pfeffer zum Abschmecken

In einer Pfanne in etwas Öl die Zwiebeln, Möhren und Fisolen andünsten. Mit der Gemüsebrühe ablöschen und für ca. 10 Minuten köcheln. Mit den Gewürzen und Petersilie abschmecken.

Den Lachs in einer separaten Pfanne in etwas Öl von allen Seiten anbraten. Danach warm stellen.

In einem Haushaltsmixer den Joghurt, den Käse, den Zitronensaft und den Bärlauch zu einer Soße pürieren.

Das Lachsfilet mit der Soße übergießen und einer Portion Gemüse servieren.

Couscous mit Hülsenfrüchten und Gemüse

80 g Couscous

100 g weiße Bohnen (aus dem Glas oder eingeweicht)

8 Möhren, geschält, fein geraspelt

½ Brokkoli, ohne Strunk, in feine Röschen unterteilt

½ Stange Staudensellerie, ohne Strunk, in feine Ringe geschnitten

50 ml Avocadoöl

Salz und Pfeffer zum Abschmecken

In einem größeren Topf den Couscous in der zweifachen Menge Wasser aufkochen. Für ca. 10 Minuten quellen lassen.

In einem Hochleistungsmixer die Hülsenfrüchte mit dem Öl zu einem Mus pürieren. Nach Belieben mit Salz und Pfeffer abschmecken.

In einer Schüssel alle Zutaten gut miteinander verrühren.

Makrelen-Pasta-Salat

300 g Makrelenfilet, gewürfelt

150 g Vollkornpasta

3 Möhren, ohne Stielansatz, geschält, geraspelt

1 Zucchini, ohne Stielansatz, geschält, geraspelt

4 Tomaten, ohne Stielansatz, gewürfelt

1 Zwiebel, fein gehackt

2 Knoblauchzehen, gepresst

6 TL Rapsöl

½ Bund frischer Dill, fein gehackt

Saft von 1 Orange

Salz und Pfeffer zum Abschmecken

Die Nudeln in einem größeren Topf in etwas Salzwasser bissfest kochen. Anschließend abseihen.

Die Makrele salzen und pfeffern und in einer größeren beschichteten Pfanne in 1 TL Öl von allen Seiten anbraten. Dann herausnehmen.

In der gleichen Pfanne nun in etwas Öl die Zwiebel und Knoblauchzehen andünsten. Dann den Rest des Gemüses dazugeben und für ca. 10 Minuten garen.

In einer großen Schüssel alle Zutaten zu einem Salat miteinander vermengen.

Reissalat

120 g Vollkornreis

1 Gurke, geschält, geraspelt

10 Tomaten, ohne Stielansatz, gewürfelt

1 Bund Lauchzwiebeln, ohne Strunk, in feine Ringe geschnitten

100 g Radicchio

120 g Kidneybohnen oder Kichererbsen (aus dem Glas)

2 Avocados, geschält, entsteint, gewürfelt

100 g fettarmer Naturjoghurt (1,5 % Fett)

Saft 1 Zitrone

1 Bund frische Minze, fein gehackt

Salz und Pfeffer zum Abschmecken

Den Reis in einem großen Topf in der doppelten Menge Wasser aufkochen und bei schwacher Hitze ca. 15 Min. köcheln. Gegen Ende hin die Lauchzwiebelringe untermengen. Dann ausquellen und danach abkühlen lassen.

In einem Haushaltsmixer das Avocadofruchtfleisch mit dem Joghurt und Zitronensaft zu einer Creme pürieren und die Minze unterrühren. Mit Salz und Pfeffer abschmecken.

In einer großen Schüssel den Reis mit der Gurke, den Tomaten, dem Salat, den Hülsenfrüchten und dem Dressing gut vermischen.

Bunter Quinoasalat

100 g Quinoa

10 Tomaten, ohne Stielansatz, gewürfelt

½ Stange Staudensellerie, ohne Strunk, fein geschnitten

2 Möhren, ohne Stielansatz, geschält, fein geraspelt

4 Radieschen, ohne Stielansatz, geschält, fein geraspelt

150 g Rucola

20 Oliven, entsteint, halbiert

100 g fettarmer Naturjoghurt (1,5 % Fett)

Saft 1 Limette

½ Bund frische Petersilie, fein gehackt

Salz und Pfeffer zum Abschmecken

Die Quinoa in einem großen Topf in der doppelten Menge Wasser aufkochen und bei schwacher Hitze ca. 15 Min. köcheln. Dann abkühlen lassen.

In einem Haushaltsmixer die Oliven mit dem Joghurt und Limettensaft zu einer Creme pürieren und die Petersilie unterrühren. Mit Salz und Pfeffer abschmecken.

In einer großen Schüssel die Quinoa mit den restlichen Zutaten und dem Dressing gut miteinander vermischen.

Pasta mit Linsen

150 g Vollkornnudeln

80 g rote Linsen (eingeweicht oder aus dem Glas)

100 g Spargel, geputzt, an beiden Enden abgeschnitten, fein geschnitten

80 g Frischkäse

2 Zwiebeln, fein gehackt

2 Knoblauchzehen, gepresst

250 ml Gemüsebrühe

1 EL Weißweinessig

½ Bund frisches Basilikum, fein gehackt

3 EL Olivenöl

Die Linsen mit den Nudeln für etwa 5 Minuten in kochendem Salzwasser bissfest kochen.

In einer Pfanne in etwas Öl die Zwiebeln und den Knoblauch anbraten und dann den Spargel dazugeben. Mit der Brühe und dem Essig ablöschen und ca. 10 weitere Minuten köcheln.

Nun den Käse einrühren, bis er zerschmolzen ist. Nach Belieben mit den Kräutern und Salz und Pfeffer abschmecken.

In einer Schüssel alle Zutaten miteinander vermischen.

Gemüsepfanne

2 Stück Rosenkohl, ohne Stielansatz, gewürfelt

1 Stück Brokkoli, ohne Strunk, in Röschen geteilt

10 Tomaten, ohne Stielansatz, gewürfelt

1 Zwiebel, fein gehackt

1 Knoblauchzehe, gepresst

1 Prise italienische Kräuter

50 ml Gemüsebrühe

1 EL Olivenöl

Salz und Pfeffer zum Abschmecken

Die Zwiebel und Knoblauchzehe in einer großen Pfanne im heißen Olivenöl anbraten.

Danach das Gemüse dazugeben und mit der Gemüsebrühe übergießen. Für ca. 10 Minuten gut durchgaren.

Zum Schluss mit Salz und Pfeffer würzen.

Buchweizen-Crêpes

90 g Buchweizenmehl

400 g Blattspinat

60 g Emmentaler, gerieben

20 ml Crème fraîche

2 Eier

7 EL Mineralwasser

2 TL Öl

1 Prise Salz

In einer Schüssel die Eier, das Buchweizenmehl und Mineralwasser verquirlen. Dann mit etwas Salz würzen und für ca. 15 Minuten quellen lassen.

Dann den Käse unter die Ei-Masse rühren und in einer Pfanne in etwas Öl vier dünne Crêpes herausbacken.

Für die Füllung in einer separaten Pfanne die Zwiebeln in etwas Öl anbraten, den Blattspinat dazugeben und mit Salz würzen. Crème fraîche hinzufügen und für ca. 10 Minuten auf kleiner Flamme weich kochen lassen.

Die Crêpes mit der Spinat-Käse-Füllung befüllen und genießen.

Weißer Bohnensalat

150 g weiße Bohnen (aus dem Glas oder eingeweicht)

2 Möhren, geschält, geraspelt

100 ml Naturjoghurt

50 g Parmesan, gerieben

1 Zwiebel, fein gehackt

1 Knoblauchzehe, gepresst

1 Handvoll frischer Dill, gehackt

Saft 1 Zitrone

5 EL Leinöl

Salz und Pfeffer zum Abschmecken

Etwas Öl in einem großen Topf erhitzen, und die Zwiebel, den Knoblauch und die Möhrenraspel auf kleiner Hitze für 5 - 10 Minuten andünsten. Den Naturjoghurt dazu gießen und für weitere 5 Minuten dünsten.

Nun den Käse untermischen, bis er geschmolzen ist. Vom Herd nehmen und abkühlen lassen.

Zum Schluss mit den Kräutern und Gewürzen nach Belieben abschmecken.

Gefüllter Wirsing

1 kleiner Wirsing, ohne Strunk, in Blätter unterteilt

30 g Schinkenwürfel

1 Apfel, ohne Kerngehäuse, geraspelt

1 Zwiebel, fein gehackt

1 Knoblauchzehe, gepresst

100 ml Milch

100 g Sahne

½ TL Johannisbrot- oder Guarkernmehl

1 Ei

40 g Parmesan, gerieben

2 EL Rapsöl

Öl oder Butter zum Einfetten

Salz und Pfeffer zum Abschmecken

Den Ofen auf 180 Grad vorheizen.

Eine rechteckige Backform mit Öl oder Butter einfetten. Nun mit einer „Grundschicht" aus Wirsing auslegen. Diese Schicht mit Salz und Pfeffer nach Belieben würzen.

In einer Schüssel die Milch mit der Sahne, dem Ei, dem Johannisbrotkern- oder Guarkernmehl und etwas Salz und Pfeffer gut verquirlen. Nun den Käse, die Schinkenwürfel, die Apfelraspel, die Zwiebel und den Knoblauch dazu mischen.

Diese Mischung nun auf den Blättern verteilen und für ca. 45 Minuten im Backofen backen.

Zoodles mit Lachs

2 Zucchini, ohne Stielansatz

3 Möhren, ohne Stielansatz

100 g Lachsfilet, in feine Streifen geschnitten

2 Tomaten, ohne Stielansatz, gewürfelt

50 ml Naturjoghurt

2 Knoblauchzehen, gepresst

½ Handvoll frischer Thymian, fein gehackt

1 Prise Cayennepfeffer

2 EL Olivenöl

Saft 1 Zitrone

Salz und Pfeffer zum Abschmecken

Die Zucchini und Möhren in einem Spiralschneider zu feinen Zoodles drehen.

Das Lachsfilet in einer großen Pfanne in etwas Öl mit der Knoblauchzehe für ca. 10 Minuten anbraten. Nun die Tomaten dazugeben und für 5 Minuten andünsten. Mit dem Joghurt und Zitronensaft übergießen und mit Salz, Pfeffer und Cayennepfeffer abschmecken.

Die Gemüse-Zoodles auf Tellern zu Nestern formen. Mit dem Lachs übergießen und nach Belieben mit etwas Thymian garniert servieren.

Zoodles mit Nusssoße

2 Zucchini, ohne Stielansatz

3 Möhren, ohne Stielansatz

200 g Cashewkerne

2 Tomaten, ohne Stielansatz, gewürfelt

2 Knoblauchzehen, gepresst

½ Handvoll frisches Basilikum, fein gehackt

2 EL Olivenöl

Saft 1 Zitrone

Salz und Pfeffer zum Abschmecken

Die Zucchini und Möhren in einem Spiralschneider zu feinen Zoodles drehen.

In einem Hochleistungsmixer die Cashewkerne, die Tomaten, die Knoblauchzehen, das Basilikum, Olivenöl und den Zitronensaft zu einer Soße vermengen. Zum Schluss nach Belieben mit Salz und Pfeffer abschmecken.

Die Gemüse-Zoodles auf Tellern zu Nestern formen. Mit der Nusssoße übergießen.

Rindfleisch mit Mangold und Gemüsetatar

300 g Rindfleisch, gewürfelt

2 Stück Mangold, ohne Strunk, fein geschnitten

50 ml Crème fraîche

1 Tomate, ohne Stielansatz, gewürfelt

2 Avocados, geschält, entkernt, gewürfelt

½ Stange Staudensellerie, ohne Strunk, fein geschnitten

Saft 1 Zitrone

3 EL Rapsöl

Salz und Pfeffer zum Abschmecken

In einer Pfanne in etwas Öl die Rindfleischwürfel von allen Seiten für ca. 5 Minuten gleichmäßig anbraten. Den Mangold dazugeben, mit Crème fraîche übergießen und für ca. 10 Minuten weich dünsten.

In einem Hochleistungsmixer die Tomaten, Avocados und den Stangensellerie mit dem Zitronensaft zu einer Creme mischen. Nach Belieben nun noch mit Salz und Pfeffer abschmecken. In eine runde Form geben und kopfüber stürzen.

Das Rindfleisch auf zwei Tellern anrichten, eine Portion Mangold dazugeben und mit dem Gemüsetatar servieren.

Gemüsepizza

65 g Vollkornmehl

65 g Speisestärke

150 g Magerquark

1 Messerspitze Backpulver

1 Scheibe magerer Kochschinken

10 Tomaten, ohne Strunk, gewürfelt

2 EL Tomatenmark

40 Oliven, entsteint, halbiert

3 EL Emmentaler, in dünne Streifen geschnitten

3 EL Crème fraîche

½ Bund frischer Thymian, fein gehackt

2 EL Öl

Salz und Pfeffer zum Abschmecken

Den Ofen auf ca. 200 Grad vorheizen.

Die Tomaten mit dem Tomatenmark in einem Hochleistungsmixer zu einer Soße verrühren.

In einer Schüssel das Mehl, die Stärke, das Backpulver und etwas Salz miteinander vermengen. Dann den Quark und das Öl dazu mischen und gut zu einem Teig verkneten.

Nun auf einem Pizzablech den Teig ausrollen und mit der Tomatensoße bestreichen. Dann mit dem Kochschinken, dem Emmentaler und den Oliven belegen.

Für ca. 20 Minuten im Rohr backen. Gegen Ende hin noch den Thymian dazugeben.

Geflügelfrikadellen

300 g Geflügelhackfleisch

1 kleine Zwiebel, fein gehackt

1 Ei

40 g Paniermehl

1 Möhre, ohne Stielansatz, geraspelt

¼ Stange Staudensellerie, ohne Strunk, fein geschnitten

1 TL Paprikapulver

1 TL Kreuzkümmelpulver

1 Schuss Tabascosoße

¼ Bund frische Petersilie, fein gehackt

¼ Bund frischer Schnittlauch, fein gehackt

jeweils 1 Prise Salz und Pfeffer

Das Backrohr auf 180 Grad vorheizen.

Alle Zutaten in einem Hochleistungsmixer zu einem Teig vermengen.

Mit angefeuchteten Händen ca. 15 bis 20 Kugeln formen.

Die Frikadellen auf ein mit Backpapier belegtes Backblech legen und für ca. 25 Minuten backen.

Forelle mit Gemüse

300 g Forellenfilet, geräuchert

6 große Tomaten, ohne Stielansatz, gewürfelt

10 Stück grüner Spargel, an beiden Enden geputzt und abgeschnitten

½ Süßkartoffel, geschält, in feine Scheiben geschnitten

1 Zwiebel, fein gehackt

1 Knoblauchzehe, gepresst

1 Handvoll frischer Dill, fein gehackt

Saft von 2 Zitronen

Saft 1 Orange

5 EL Rapsöl

Salz und Pfeffer zum Abschmecken

Den Backofen auf 180 Grad vorheizen.

Das Gemüse in eine Auflaufform als „Boden" schichten. Darüber das Forellenfilet legen. Mit dem Orangensaft und dem Zitronensaft sowie dem Öl beträufeln. Für ca. 15 bis 20 Minuten gar kochen.

Gegen Ende hin den Dill dazugeben.

Forelle mit Polenta

300 g Forellenfilet

80 g Maisgrieß

4 große Tomaten, ohne Stielansatz, gewürfelt

50 ml Naturjoghurt

100 ml Gemüsebrühe

1 Zwiebel, fein gehackt

2 Knoblauchzehen, fein gehackt

1 Handvoll frischer Thymian, fein gehackt

Saft von 2 Zitronen

3 EL Rapsöl

Salz und Pfeffer zum Abschmecken

Den Backofen auf 180 Grad vorheizen.

In einer Pfanne im Öl die Zwiebel und Knoblauchzehen anbraten. Dann die Tomaten dazugeben. Mit der Gemüsebrühe ablöschen und den Maisgrieß zufügen. Für ca. 15 Minuten köcheln. Dann den Naturjoghurt hinzugießen und eindicken lassen. Gegen Ende nach Belieben mit Salz und Pfeffer abschmecken.

Die Forellenfilets mit Zitronensaft beträufeln und in einer separaten Pfanne für ca. 10 Minuten in etwas Öl von allen Seiten gar braten.

Mit dem Maisgrieß zusammen servieren.

Auberginen-Käse-Gratin

4 große Auberginen, ohne Stielansatz, in dickere Scheiben geschnitten

8 Tomaten, ohne Stielansatz, fein gewürfelt

150 g Mozzarella, in dünne Scheiben geschnitten

1 Zwiebel, fein gehackt

1 Knoblauchzehe, gepresst

3 EL Rapsöl

1 Handvoll frisches Basilikum, fein gehackt

Salz und Pfeffer zum Abschmecken

Den Backofen auf 180 Grad vorheizen.

In eine Auflaufform Backpapier legen und die Auberginenscheiben darüber schichten. Für ca. 10 Minuten auf beiden Seiten gar braten. Herausnehmen und den Ofen anlassen.

Währenddessen in einer Pfanne im Öl die Zwiebel und Knoblauchzehe anschwitzen. Dann die Tomaten dazugeben.

In die Auflaufform nun eine Schicht Tomatenmus geben, dann die Auberginenscheiben darauf schichten. Zum Schluss mit Mozzarella bedecken. Weitermachen, bis alle Zutaten verbraucht sind. Für ca. 20 Minuten backen.

Reisnudeln mit Brokkoli

250 g Reisnudeln

2 Stück Brokkoli, ohne Strunk, in feine Röschen geteilt

500 ml Gemüsebrühe

100 g Shiitake Pilze, frisch oder getrocknet (in heißem Wasser quellen lassen), in dünne Scheiben geschnitten

1 EL Sesamöl

3 EL Sojasoße

Diabetes Ernährung

Saft 1 Limette oder Zitrone

Salz, Cayennepfeffer

In einem großen Topf die Gemüsebrühe aufkochen, und die Nudeln und Bohnen für ca. 5 Minuten auf kleiner Hitze bissfest kochen. Abseihen und abtropfen lassen.

In einer kleinen Pfanne die Pilze in Sesamöl, Sojasoße und Saft der Limette oder Zitrone auf kleiner Hitze weich dünsten. Mit Salz und Cayennepfeffer abschmecken.

Die Pilze unter die Nudeln und Bohnen mischen.

Desserts

Es geht bei Diabetes darum, dass Sie Ihr Gewicht reduzieren. Versuchen Sie daher, bei Ihren Hauptmahlzeiten mit dem Hauptgericht auszukommen. Hin und wieder können Sie auch gesunde Desserts genießen – aber das sollte eine Ausnahme oder ein Luxus bleiben!

Fruchteis

210 g Himbeeren oder Erdbeeren

250 g Magerjoghurt

60 g Schlagsahne

In einem Mixer alle Zutaten zusammen gut miteinander vermischen.

Das Eis in einen flachen Behälter füllen und für drei bis fünf Stunden ins Gefrierfach stellen.

Chiapudding mit Mangocreme

80 g Chiasamen

200 ml Mandelmilch

3 Mangos, geschält, entsteint

1 TL Johannisbrotkern- oder Guarkernmehl

Saft 1 Zitrone

½ Handvoll Haselnüsse, fein gehackt

Die Chiasamen in der Milch für ca. 30 Minuten quellen lassen.

In einem Haushaltsmixer die Mangos, das Johannisbrotkern- oder Guarkernmehl sowie den Zitronensaft zu einer Creme vermengen.

In hohen Gläsern eine Schicht Chiasamen schichten, danach die Mangocreme gießen und mit Haselnussstücken bedeckt anrichten.

Rote Grütze

250 g Himbeeren, Johannisbeeren und Erdbeeren

150 ml Traubensaft

¼ TL Gelatine (als Pulver)

Saft 1 Zitrone

150 g Naturjoghurt

1 Messerspitze Stevia

2 TL Haferkleie

8 Minzblätter

In einem großen Topf die Gelatine im Trauben- und Zitronensaft aufkochen lassen. Nun Stevia dazugeben.

Die Beeren zugeben und alles für ca. 10 Minuten auf kleiner Flamme köcheln lassen. Es soll gut eindicken.

Für einige Stunden auskühlen und fest werden lassen.

Den Joghurt mit etwas Stevia und der Haferkleie verrühren.

Die Grütze in hohen Gläsern anrichten und mit einer Schicht der Joghurt-Haferkleie bedecken. Mit den Minzblättern dekoriert servieren.

Flan

4 Eigelb

8 Eiweiße

1 Tasse heißes Wasser

2 Tassen Milch

100 g Maisstärke

30 ml Kaffee

1 Messerspitze Stevia

In einer kleinen Schüssel die Maisstärke in der Milch auflösen.

Nun in einer großen Schüssel die Eiweiße, Eidotter und Stevia gut zu einer leichten Creme verrühren.

Die Milch, Stärke und den Kaffee dazu mischen und Förmchen umfüllen.

Im Wasserbad für ca. 20 Minuten erhitzen. Danach für ca. drei bis fünf Stunden im Kühlschrank fest werden lassen.

Marzipan

150 g Mandelmehl

½ TL Steviapulver

3 Eiweiße

50 g Diät-Zartbitterschokolade

Alle Zutaten, bis auf die Zartbitterschokolade in einer Schüssel gut miteinander vermischen. Es soll eine geschmeidige Schokocreme entstehen.

Die Masse für etwa 15 Minuten ruhen lassen, in 12 Teile teilen und zu Kugeln rollen. Auf einem mit Backpapier ausgelegten Backblech anrichten.

Die Schokolade in einem Wasserbad schmelzen. Mit einer Gabel über die Marzipankugeln träufeln.

Honigmelone mit Käse

1 Honigmelone, geschält, entkernt, in dicke Würfel geschnitten

100 g Gorgonzola, in dicke Würfel geschnitten

14 Weintrauben

4 Spieße

Die Honigmelonen- und Gorgonzolawürfel nacheinander mit den Weintrauben auf die Spieße aufstecken.

Wassermelonenquark

½ Wassermelone, geschält, entkernt, gewürfelt

150 g Naturjoghurt

100 g Quark

1 Prise Vanillezucker

Saft 1 Zitrone

1 Prise Zimt

1 Prise Nelken

Alle Zutaten miteinander in einer Schüssel zu einem fruchtigen Quark miteinander vermischen.

Zum Schluss mit den Gewürzen nach Belieben abschmecken.

Aprikosentarte

180 g Mehl

90 g Butter

30 g Zucker

1 Prise Salz

1 Ei

12 Aprikosen, entsteint, halbiert

Saft 1 Zitrone

2 EL Aprikosenkonfitüre

etwas Butter für die Form

Den Herd auf 180 Grad vorheizen.

In einem Rührgerät das Mehl, die Butter, den Zucker, das Salz und das Ei zu einem glatten Teig verkneten. Für ca. 45 Minuten ziehen lassen.

Eine Tarteform mit Butter einfetten. Den Teig in die Form drücken und einen hohen Rand formen.

Nun die Tarte mit der Aprikosenkonfitüre dünn bestreichen und danach die Aprikosenhälften darauf schichten. Mit dem Zitronensaft beträufeln.

Für ca. 45 Minuten backen.

Milchreis

100 g Reis

300 ml fettarme Milch

Saft von 1 Zitrone

½ Ananas, geschält, fein geschnitten

1 EL Kokosraspel

20 Rosinen

Die Milch aufkochen, den Reis hinzufügen und bei geringer Hitze 20 Minuten ziehen lassen. Gegen Ende hin die Rosinen und Ananasstücke dazugeben und so lange garen lassen, bis sie weich gekocht sind.

Danach abkühlen lassen. Zum Schluss noch den Zitronensaft und die Kokosraspel dazugeben.

Fruchtsalat

2 Orangen, geschält, gewürfelt

½ Ananas, geschält, gewürfelt

100 g frische Feigen, gewürfelt

100 g Naturjoghurt

1 Prise Zimt

1 EL Haferflocken

2 EL Leinsamen

Das Obst, den Joghurt, Zimt und die Leinsamen und Haferflocken gut miteinander verrühren.

Impressum

Medical Academy wird vertreten durch:

Instyle Supply and Control Limited

20th Floor, Central Tower, 28

Queen's Road, Central, HK

Coverbilder

[creativelog] | [Fiverr]

Copyright © 2018 Medical Avademy

Alle Rechte vorbehalten

Haftung für externe Links

Das Buch enthält Links zu externen Webseiten Dritter, auf deren Inhalt der Autor keinen Einfluss hat. Deshalb kann für die Inhalte externer Inhalte keine Gewähr übernommen werden. Für die Inhalte der verlinkten Webseiten ist der jeweilige Anbieter oder Betreiber der Webseite verantwortlich. Die verlinkten Seiten wurden zum Zeitpunkt der Verlinkung auf mögliche Rechtsverstöße überprüft. Rechtswidrige Inhalte waren zum Zeitpunkt der Verlinkung nicht erkennbar. Eine permanente inhaltliche Kontrolle der verlinkten Webseiten ist jedoch ohne konkrete Anhaltspunkte einer Rechtsverletzung nicht zumutbar. Bei Bekanntwerden von Rechtsverletzungen werden derartige Links umgehend entfernt.

www.ingramcontent.com/pod-product-compliance
Lightning Source LLC
Chambersburg PA
CBHW071416220526
45469CB00004B/1296